Viens écrire et tu verras !
Un écrivain au collège

Illustration de couverture : © punctum éditions 2007

93, rue Damrémont, 75018 Paris
courriel : contact@punctum.fr
www.punctum.fr

ISBN : 978-2-35116-026-8
ISSN : 1775-1837

Bruno ALLAIN

Viens écrire et tu verras !

Un écrivain au collège

Textes écrits par les élèves du collège Maurice Utrillo
réunis et présentés par Bruno ALLAIN

punctum

Pour d'autres raisons

Du même auteur

THÉÂTRE

L'Adieu & *L'Interview*,
dans *Rencontres à la Cartoucherie*, éd. Crater, 2000

Rubato Amoroso, dans *Confessions érotiques*, éd. Crater, 2003

Assassinez-moi ! ou Mademoiselle Paula,
coll. « Les Quatre Vents », éd. L'Avant-Scène théâtre, 2003

Moi, je sais d'où, dans *Fantaisies potagères*,
coll. « Les Quatre Vents », éd. L'Avant-Scène théâtre, 2003

L'Alternance des cloportes, dans *La baignoire et les deux chaises, le off*, Éditions de l'Amandier, 2005

L'Anniversaire, Éditions de l'Amandier, 2005

Quand la viande parle, éd. Les Impressions Nouvelles, 2005

ROMAN

Monsieur Néplion, Éditions de l'Amandier, 2004

RÉCIT

Âge et visages, Éditions de l'Amandier, 2002

Avant-Propos

À la demande de M. Jean-Marie Touratier, délégué académique à l'action culturelle de l'académie de Paris et de son assistante, Mlle Nathalie Berthon, je suis entré en résidence au collège Utrillo, porte de Clignancourt (Paris 18e), en octobre 2004. Soutenu par le Rectorat de Paris, la DRAC Île-de-France, la mairie du 18e arrondissement, la Ligue de l'Enseignement et la Ville de Paris (par l'intermédiaire de l'équipe de développement local), j'ai poursuivi cette résidence pendant trois ans jusqu'en juin 2007. L'expérience fut d'une richesse inouïe. Je me devais de laisser une trace du chemin parcouru par les élèves. Ils ont écrit plus de mille textes en ma compagnie et, bien que les chiffres ne soient pas les seuls indicateurs pertinents, ceux-ci donnent l'ampleur de leur engagement. Une centaine de ces textes sont à découvrir dans les pages qui suivent. Je tiens à saluer leurs auteurs :

Masseni, Jessica, Cindy, Astrid, Khadija, Diariatou, Aleksandra, Leslie, Florian, Mélanie, Madad, Samy, Tercy,

Mounina, Eva, Islem, Diler, Isis, Ines, Bilal, Amine, Hakim, Yassine, Stephie, Mickael, Khadija, Deborah, Salim, Djenaba, Imelda, Sabrine, Nanou, Moktar, Soraya, Dimitri, Mohamed, Nani, Sarah, Oumou, Elfried, Germain, Salim, Sabrina, Malika, Olivia, Adib, Joséphine, Rabah, Nyemba, Aïcha, Diana, Katia, Mohamed, Sabrina, Latifa, Kania, Jean-César, Gnossoro, Adaane, Cassandra, Tanko, Aissatou, Armelle, Dylan, Aïcha, Khadija, Oceani, Lausseni…

Le principe

Au Collège Utrillo, la salle 209 possède un statut particulier. C'est le bureau de l'écrivain. Mon bureau. En face, la salle d'art plastique ; tout autour d'autres salles de classes. Je m'y rends deux à trois fois par semaine. Quand je suis là, la porte reste ouverte. Systématiquement. Sur une feuille de papier rouge affichée à l'entrée, on peut lire : « Dire, dire, redire, contredire et dire encore, se dire, maudire peut-être, dire tout ça qui importe et qui n'importe pas, tout ça qu'on ne peut pas dire, théoriquement, théoriquement. »

Ma première mission est d'écrire. Donc j'écris. Pendant toute l'année 2006 par exemple, ma pièce de théâtre intitulée *Tel Père* est en chantier. Je scotche les scènes au mur de mon bureau au fil de l'écriture, suscitant la curiosité et les questions.

Lors d'une permanence ou en dehors des heures de cours, les élèves qui le souhaitent viennent écrire avec moi. Écrire, lire, échanger. Pendant une heure, nous voilà sept ou huit maximum autour de la table. Nous écrivons. Nous lisons à haute voix ce qui vient d'être écrit. Nous discutons de littérature, de la vie, du monde. Nous essayons d'améliorer les textes en reprenant certains passages, nous coupons les redites, nous relisons. À la sonnerie, certains veulent partir avec leur production. Malgré la promesse de mettre les écrits « au propre », je ne les récupère que trop rarement. C'est pourquoi j'insiste pour garder les brouillons.

— Vous n'arriverez pas à me relire, monsieur.

— Ne t'inquiète pas.

— J'écris en SMS.

— J'ai des enfants en collège et au lycée.

— Ah...

Plus tard, je tape les textes tels quels, je corrige juste l'orthographe, et je les affiche dans le couloir. Aux yeux de tous...

J'ai mené cette action de la rentrée 2004 à juin 2007. Le fait de consacrer ma vie au théâtre explique en partie ma passion déployée et le plaisir recueilli.

Le sens

Le théâtre est né dans la Grèce antique. Sortant du chœur originel qui colportait les bruits de la cité, quelqu'un s'est avancé et a dit : je. Face au « nous » de l'assemblée, quelqu'un a exprimé sa singularité. Voilà pourquoi le théâtre parle toujours du rapport entre l'individu et la société : c'est inscrit dans son principe même.

Écrire du théâtre oblige à s'interroger sur la friction entre le « je » de la personne et le « nous » de la communauté, c'est-à-dire à éclairer les notions de liberté, de civisme, de différence, de démocratie. Écrire du théâtre amène à réfléchir sur la nature humaine et à penser le monde.

Le théâtre est le lieu du débat, l'un des derniers dans notre univers accéléré. L'écriture et le langage sont, eux, le lieu du sens. Écrire du théâtre, c'est marier les deux, c'est dialoguer dans toutes les acceptions du terme, c'est mettre du sens là, en dedans de moi, là tout autour et là dans le lien entre moi et les autres.

Écrire du théâtre dans un établissement scolaire induit donc le dialogue avec les élèves, l'échange entre eux, entre les classes, entre adultes et adolescents, entre le monde scolaire et le monde extérieur (famille, quartier, ville). Écrire du théâtre conduit à l'expression de soi, au respect et à l'écoute d'autrui, à la formulation des questions qui préoccupent chacun, individuellement, collectivement.

Particularités

L'écriture de théâtre aborde toutes les écritures : le dialogue bien sûr mais aussi la poésie (on qualifie l'auteur de poète dramatique), le récit, le journal, l'art épistolaire... Sans omettre les « parlures » de tous ordres, argot, patois, langues de banlieue... Toutes les fautes de langage y sont possibles comme dans la vie de tous les jours, surtout si elles sont identifiées et volontaires.

L'écriture de théâtre est faite pour être dite. Écrire du théâtre, c'est aussi lire à haute voix. Dans un atelier d'écriture théâtrale, on alterne en permanence les moments d'écriture et les moments de lecture devant les autres. On y aborde alors les questions de respiration et d'interprétation propres à l'acteur.

En salle 209, nous n'écrivons pas que du théâtre. Loin de là. En réalité, très peu. Mais quel que soit le type de texte, le théâtre intervient par le partage éphémère de la lecture à haute voix. C'est essentiel. La magie de l'instant est tout entière là, dans l'acte en commun, le dévoilement, la prise de risque : surmonter l'obstacle et laisser émerger l'authenticité, le plaisir, la fierté.

Déroulement

La difficulté, et à la fois le charme, c'est de réunir dans un même temps les énergies différentes qui caractérisent chacun des adolescents. Il y a ceux qui déjà démarrent alors que la consigne n'est pas complètement donnée. Il y a ceux qui rêvent encore quand d'autres ont « fini ». Il y a ceux qui écrivent cinq lignes et ceux qui grattent deux pages. Il y a ceux qui changent trois fois d'idées et finissent par reprendre la première. Il y a ceux qui demandent si « c'est bon ». Il y a ceux qui recopient plusieurs fois le début de leur narration et peinent à aller plus loin. Il y a ceux qui écrivent trois textes à la file, inventent une autre consigne ou se lancent dans un rap coûte que coûte. Pour la lecture, la disparité est du même ordre : ceux qui veulent y aller en premier avant même que les autres aient fini d'écrire, ceux qui se lèvent et se croient sur scène, ceux qui demandent à leur camarade de lire à leur place, ceux qui murmurent, ceux qui vont plus vite que le TGV, ceux qui lisent en cachant leur texte, d'autres qui le mettent sous la table, d'autres qui déchiffrent. Il y a ceux qui chantent, ceux qui n'arrivent pas à se relire ou ceux qui lisent systématiquement en dernier, au moment de la sonnerie.

Chacun négocie l'obstacle comme il peut. Le principal est d'y parvenir. Le temps d'une séance, le groupe doit inventer sa propre connivence et permettre la valorisation de tous. Ma présence en tant qu'artiste favorise ce mouvement. En effet, le geste artistique est une démarche de recherche. L'erreur, l'hésitation, le détour, la critique, le tâtonnement... sont monnaie courante et rendent l'échec normal, momentané mais jamais définitif. Le travail, l'opiniâtreté, la concentration apparaissent nécessaires à tous. Alors la singularité de l'individu est à même d'apparaître, presque par surprise, de s'exprimer et d'être reconnue. Toujours elle est saluée par le groupe car c'est cela que chacun attend : être soi-même au milieu des autres si différents.

***

Le départ

La résidence a débuté officiellement lors de « Lire en fête » 2004. Les élèves d'une classe de troisième avec l'aide de leur professeur de lettres, Mme Daloz, ont choisi des extraits de *Je suis plusieurs je*, monologues non édités. Ils en ont préparé la lecture.

Le jour J, entre 9h et 11h, les voilà qui entrent dans toutes les classes du collège par groupe de trois ou quatre, à l'improviste, lisent quelques minutes de texte et repartent sans autres explications. Ces « commandos » laissent certains stupéfaits, d'autres hilares, d'autres interloqués. Des applaudissements fusent d'une classe à l'autre. L'impression... que le collège entier retient son souffle avant d'éclater. La veille, les groupes avaient fait irruption dans le bureau de la principale, des « CPE » ou dans la loge de la gardienne pour s'entraîner...

12h, des élèves passent devant la porte ouverte de la salle 209. Des têtes se retournent, s'arrêtent, dépassent du chambranle.

— Qui êtes-vous ? Qu'est-ce que vous faites ? Ah bon ? Vous écrivez des livres ? Ceux-là ? Ah oui, Bruno Allain. Vous êtes célèbre alors ?

— Tu connais des écrivains ?

— Victor Hugo.

— Il est mort, quelqu'un de vivant...

— Ben...

— Et des chanteurs, tu en connais ?

Regard abasourdi. Je lis dans leurs yeux : quelle question débile !

Suivent dix noms à consonance anglaise que, moi, je ne connais pas.

— Alors à ton avis, je suis célèbre ?

— Ben...

— Comment ça se fait, cette différence de notoriété entre les écrivains et les chanteurs ?

La discussion s'engage...

Plus tard, un collégien s'extasie devant mon ordinateur portable. Il lit par-dessus mon épaule deux ou trois lignes. Ah ouais ouais. Comment on fait pour écrire des livres ? Vous avez pondu tout ça ? Moi, je suis nul en français. C'est votre vie que vous racontez ou autre chose ? Ah ! Vous inventez ? Ah ! mais vous vous inspirez de votre vie ? Ah ! Ouais ouais...

À 13 h 30, des élèves de seconde du lycée Rabelais voisin lisent dans le hall du collège des extraits de mon roman *Monsieur Néplion* : les uns après les autres, des morceaux de texte qui les ont touchés. Nous sommes une centaine, élèves et adultes, à les écouter. Je dois ensuite parler. Ma gorge se serre. Les larmes me viennent. Ben oui, je suis ému. Je leur dis. On ne sait jamais vraiment pourquoi on écrit. C'est une nécessité impérieuse, un geste irrépressible, une force inéluctable qui emporte la main. Bien sûr, on écrit pour soi. Pour son nombril. Bien sûr, on écrit pour l'autre. Celui, anonyme, qui lit le soir dans son fauteuil. Bien sûr, on écrit parce que le monde sinon s'écroule. Il a tant besoin qu'on lève le voile de la confusion, qu'on lui donne sens, qu'on le questionne pour le faire tenir, qu'on lui offre des utopies. Bien sûr. Mais là, tout de suite, je sais aussi pourquoi j'ai écrit ce roman : pour ce moment, pour ce partage, pour eux justement qui viennent de le lire. Je leur dis ça aussi. Écrit comme ça, ça semble bateau, un peu trivial, presque démagogique. C'est pourtant ce que je ressens vraiment. Le geste d'écrire a beau être irrépressible, il est toujours fragile. Il a besoin d'être salué. Il a besoin d'être réconforté. Il l'a été.

Épisodes

Des quatrièmes s'installent autour de la table. Que des filles. L'humeur est plus à la « discute » qu'à l'écriture. On parle. Les questions habituelles sur le métier d'écrivain. Mes livres circulent entre leurs mains. Elles feuillettent, lisent un fragment par ci, s'étonnent : vous avez mis longtemps ? On en vient à ce que l'on pourrait construire ensemble. Je les interroge sur leurs vies. Est-ce qu'elles écrivent un journal ? Que font-elles dans leur chambre ? L'une d'elle avoue se parler à elle-même en se regardant dans la glace. « Alors, je pleure », ajoute-t-elle. Je saisis la balle au bond. « Peut-être, on pourrait faire ça : écrire ce que l'on se dit en regardant la glace ? » C'est parti. Pour les aider, je leur suggère de se remettre mentalement dans la situation. Je leur cite Gérard de Nerval : « Inventer, c'est se ressouvenir ».

— On peut écrire ses pensées ?

— Bien sûr.

— Parce que personne ne nous comprend, on est comme des Martiens.

— Il n'y a que les adolescents qui peuvent écrire pour l'adolescence. Les grands, ils ne savent pas nos problèmes.

— On a tous un taux d'imagination élevé. Il y en a, ils ne veulent pas le voir.

— Écrire, c'est vider son sac.

— Le cinéma et la télé, c'est bien, mais il faut faire plus d'efforts pour lire.

— Lire, c'est comme si tu créais une télé dans ta tête...

Je ne savais pas encore combien cet exercice allait devenir fructueux. Par la suite, de nombreux élèves entrèrent dans mon bureau en demandant : Monsieur, est-ce qu'on peut écrire « dans la glace » ?

Ces visages qui passent la porte, ces regards curieux, ces instants ouverts...

Des fragments de vie de collégiens viennent se déposer, là, dans la salle 209, sur la table entourée de six chaises, avant que leurs propriétaires ne repartent dans le maelström des bousculades du couloir. Je suis étonné de la capacité avec laquelle les adolescents jouent le jeu de l'écriture. Je ne parle pas de ceux dont les mots coulent déjà du stylo avant de commencer. Je parle de ceux qui les accompagnent, les réticents, les « mais j'ai pas envie de raconter tout ça ». Après un moment de silence où chacun se lance, après un moment de lecture à haute voix des quelques phrases qui viennent de s'écrire, ceux qui jusqu'alors étaient restés spectateurs montent sur la scène de l'écriture et s'y adonnent à leur tour.

Par la suite encore, les textes sont affichés dans le couloir. Un garçon déclare :

— C'est nul, tout ça.

— Pourquoi ?

— Je sais pas, j'ai pas lu.

— Commence par lire, après on verra.

— Non mais on dit pas sa vie.

— De quoi tu parles alors ?

— Avec les copains, entre nous, on rigole.

— Que rigoler ?

— On raconte pas sa vie, on s'en fout, ça n'intéresse personne.

— Ce que pense l'autre, ça ne t'intéresse pas ?

— C'est sa vie.

— Justement, c'est ça qui est précieux. Viens écrire, tu verras…

Dans un premier temps, je demandais aux élèves s'ils voulaient signer ou non leur texte affiché. Tous disaient oui – à quelques exceptions près, en particulier s'ils dévoilaient des « secrets » familiaux. Il est arrivé que certains se fassent « charrier » et me demandent de retirer leur nom ou ôtent leur propre écrit du couloir. Dans un deuxième temps, et après discussion avec les collégiens, il a été décidé de ne livrer que l'initiale du prénom et le niveau de la classe sous chaque texte affiché, un entre-deux où à la fois chacun se reconnaît et reste anonyme. Le même principe est respecté dans ce livre.

Résidence intérieure

Chaque année scolaire, environ 130 élèves (soit un tiers du collège) ont écrit en salle 209. D'autres en nombre sont passés pour voir, parler, humer l'air. Deux tiers de filles, un tiers de garçons. Certains sont venus plus de trente fois. De nombreux textes revivent dans les blogs personnels sur internet. Et au moins douze romans dont les héroïnes sont des jeunes filles de treize ou quatorze ans ont vu le jour et continuent de s'écrire.

La quasi-totalité des élèves du collège Utrillo ne sont pas d'origine française. Parents ou grands-parents viennent de l'étranger, principalement d'Afrique. Pour certains, le maniement du français est difficile.

Par ma présence dans l'établissement, écrire est devenu envisageable. La vie du collège s'en ressent. La parole circule autrement. Des élèves ont apporté des textes de leur cru et de leur propre initiative à leurs professeurs, chose nouvelle, et parmi ces élèves, un grand nombre n'est jamais venu dans mon bureau. Un groupe a fondé le journal du collège avec l'aide d'un CPE. Un concours de poésie a été organisé par un surveillant. Des nouvelles et des contes ont été écrits à l'initiative de certains professeurs de français. J'ai élaboré des partenariats avec des enseignants, en particulier la professeur d'arts plastiques, Mme Drignon. Sur des propositions de l'une de ses classes, j'ai écrit une pièce pour marionnettes intitulée *Moitié singe, moitié coq*... Enfin j'ai organisé un atelier d'écriture pour adultes la dernière année et je regrette de ne pas l'avoir fait plus tôt.

Résidence extérieure

La résidence a eu un grand retentissement dans le quartier. J'y tenais. Lectures, expositions, rencontres se sont déroulés au café littéraire Le Petit Ney, au théâtre de l'Étoile du Nord, au théâtre du Lavoir Moderne, au CDI du lycée Rabelais, à la bibliothèque de la Porte Montmartre. Au restaurant Le Rez-de-Chaussée, nous avons organisé le mercredi après-midi des « goûters-écritures » qui ont abouti à l'édition de marque-pages donnés au moment de l'addition et dont on retrouvera des éléments dans l'intermède gustatif qui suit. Autant d'actions qui ont fait connaître les fondements de la résidence et entendre le sentiment des élèves sur le monde qui les entoure, sans parler des articles de presse et des conférences que j'ai données à Paris, comme en région.

Des consignes et des pistes

J'essaie toujours d'être à l'écoute et d'inventer avec les adolescents qui débarquent dans mon bureau. Nombreuses sont les consignes d'écriture qui s'improvisent en relevant une parole, un regard, une humeur. Écrire, c'est d'abord s'interroger soi-même et questionner la société qui nous entoure. C'est la matière première. Ensuite vient le travail de la langue. Je demande souvent aux collégiens de parler de leur quotidien, de s'ancrer d'abord dans le réel, dans leur expérience personnelle. Plus tard, ils pourront glisser vers l'imaginaire, à la manière d'un Kafka. J'utilise l'image du cerf-volant : celui-ci vole parce qu'un fil le retient à la terre, sinon il tombe.

Certains conseils reviennent fréquemment. S'attacher à la précision, s'astreindre à décrire des détails significatifs : s'il y a un arbre dans la cour, ce n'est pas pareil que ce soit un marronnier, un peuplier ou un sapin. Chacun évoque une couleur, une odeur, une atmosphère, une géographie, une symbolique. Éliminer les petits mots de transition qui ne servent à rien (mais, et, car...), éliminer le superflu, les phrases creuses. S'engager plus soi-même : c'est la singularité du regard de l'écrivain sur le monde et la nature humaine qui intéresse le lecteur et non des généralités que tous pourraient écrire. Nous discutons. Je leur fais part de mon expérience. Je pose beaucoup de questions. Que veux-tu dire exactement à tel passage ? Cette répétition est-elle utile ? Ce mot est-il juste ? Retravailler sur un texte est un exercice difficile mais indispensable. Souvent la concentration et le temps manquent. Petit à petit pourtant, au fil des exemples et des textes qui se concrétisent, on peut aborder le lien entre le fond et la forme.

Pourquoi ici telle phrase simple, presque banale, en dira plus qu'une proposition sophistiquée où l'on se perd. Pourquoi à tel endroit le recours à une image sera plus efficace. Pourquoi telle syllabe qui revient comme un refrain favorise la compréhension...

Art

La maîtrise du langage est une priorité afin de donner à chacun les possibilités de vivre ensemble, on le sait. La quête du chemin est complémentaire à la transmission des savoirs. En plus du travail exigeant des enseignants, travail jamais suffisamment salué, la venue d'un artiste dans le monde scolaire et particulièrement d'un écrivain permet de pratiquer la langue autrement : écrire pour soi, pour l'expression de l'intime, pour le plaisir, pour l'échange.

Chaque collégien possède son histoire, ses ombres et ses lumières. Pour certains, les nuits sont étouffantes. En salle 209, le geste artistique libère. Il offre de l'espace. Il ne cherche pas à analyser, seulement à dire, dire justement ce qui dépasse l'entendement. Il tente le coup « gratuitement » et tire sa force de cette gratuité. De nombreux textes d'élèves livrent des anecdotes personnelles et des événements singuliers ou fondateurs. C'est l'occasion de lever le voile et de vaincre la solitude, une victoire sur l'incompréhension et l'injustice, momentanée certes mais partagée ; une victoire qui n'engendre aucune défaite en contrepartie : l'opposé de la destruction. Et tout naturellement nous aussi, lecteurs aujourd'hui, nous voilà moins seuls.

Regard

Les collégiens d'Utrillo sont vifs, intelligents, débrouillards, à la fois matures et enfantins comme tous les adolescents, mais aussi concassés, éperdus, ficelés, décervelés, empêchés, détournés d'eux-mêmes… comme si on leur avait déjà ôté une chance.

Une impression de gâchis. Je ne suis pas le seul à l'éprouver. Ce ressenti m'interroge.

Je crois les élèves tiraillés entre trois réalités qui s'affrontent.

Première réalité : la famille avec une culture et des coutumes propres. Les élèves issus de l'émigration (la quasi-totalité du collège) se trouvent plongés dans un univers étrange (l'Occident), en présence de codes qui leur échappent, de même que ceux de leur culture nous échappent. Cette culture d'origine leur est parfois assénée en résistance, le plus souvent volontairement effacée, décapitée pour s'intégrer. Le résultat est qu'ils vivent dans un entre-deux, une jachère voire un abandon, un no man's land culturel, sans tronc ou sans racines.

Deuxième réalité, l'école dont la philosophie nous vient du siècle des Lumières : Diderot, Voltaire, Rousseau, Descartes… une pensée à l'origine de la Révolution française. L'Éducation nationale suivant cette voie humaniste représente la pierre angulaire de la démocratie, de la laïcité, du civisme, de notre vision « à la française » de la république, en résumé notre idéal.

Troisième réalité : le monde, à savoir la rue, les actualités, la télévision, la consommation à outrance, la société telle que, réelle, cruelle. Quand j'étais enfant, il y avait encore, l'après-midi, la télévision scolaire. Aujourd'hui, il y a télé-achats. Face à cette évolution tourbillonnante, l'école a bien du mal à garder son cap et à naviguer dans une autre direction que celle de l'universel « struggle for life ».

Voilà trois réalités, en vérité trois conceptions de la société, qui cohabitent et s'opposent... Et nos enfants, là, au milieu, écartelés...

Comment les jeunes peuvent-ils s'y retrouver ? Comment ne pas comprendre leur révolte ou leur désillusion ? Voire leur nihilisme violent ? Partout les médias font entendre que des bac + 5 sont au chômage et que tel débrouillard, cancre au collège, fait fortune en vendant des T-shirts. L'attrait du matériel déplace l'énergie de chacun du collectif vers l'individuel et fait oublier le lien étroit qui unit la fortune acquise (moi je) à la prospérité de tous (nous ensemble). Comme si l'éducation n'était plus l'affaire de tous mais seulement des enseignants. Qu'ils se débrouillent ! Ainsi certains s'échinent à faire grandir tandis que d'autres s'acharnent à bêtifier à coups de tétines. Notre société a perdu ses utopies, y compris celle du progrès fondé sur la science. Notre société ne parvient toujours pas à relever le défi de l'écologie. Notre société est ligotée et infantilisée par la finance aveugle. Que cherche-t-on ? Faire de nos enfants des hommes ou des moutons ?

Un exemple : je suis étonné de la crédulité de certains collégiens prêts à prendre pour vrais des discours farfelus, fondés sur l'émotion, les bons sentiments et l'au-delà. Les nouveaux médias diffusent en effet toutes sortes d'informations ou d'échanges, des plus sophistiqués aux plus triviaux, des plus avérés aux plus mensongers, sans différence apparente. Il y a confusion. « Puisque c'est en photo, c'est vrai ». « Puisque c'est sur internet, c'est vrai ». « Puisque c'est passé à la télé, c'est vrai ». En fait, les nouveaux médias véhiculent un nouveau mode d'être au monde : la distraction. Cela nous atteint tous, même si nous en sommes conscients. « La distraction », c'est-à-dire l'insistance à être tiré de l'essentiel, de soi-même, de son centre, de l'échange réel avec autrui (chacun se trouve cloisonné devant son écran. Au lieu de lier, les médias séparent, estime Guy Debord dans *La Société du Spectacle*) ; « la distraction », c'est-à-dire le fait de « zapper » sans arrêt d'une chose à l'autre, d'un univers à l'autre, de l'important au dérisoire placé au même niveau. Cette distraction permanente induit un manque de conséquence dans nos comportements et se présente comme un obstacle supplémentaire à notre construction personnelle, particulièrement chez les adolescents. Nous ne sommes plus verticaux, nous devenons décentrés, dispersés, « gazeux »...

J'ai toujours eu l'intuition qu'il fallait que j'écrive avec les élèves, autour de la même table, en suivant les mêmes consignes. Peut-être est-ce en lien avec cette faculté que nous avons d'apprendre par imitation. Si certains élèves ont des difficultés au démarrage de l'écriture, à partir du moment où je m'y mets, tous s'y mettent.

En revanche, la « raison », chère à Descartes ou Diderot, perd bien du terrain quand nous imitons « la distraction » des médias sempiternellement entretenue. J'ai souvent entendu des collégiens dire que leur grand-frère était un modèle. Notre société est-elle encore un « grand-frère » ?

Par îlots sans doute. Le collège Utrillo est un de ces îlots. Il est entré en résistance. Les textes des élèves qui composent ce livre en sont une illustration. Cela ne va pas de soi mais est dû avant tout à la qualité de l'équipe pédagogique. Je tiens à remercier particulièrement madame Brigitte Chevalet, la principale, mademoiselle Rachel Lepesant, responsable du CDI et les trois conseillers principaux d'éducation, messieurs Pierre Fizaine, Nicolas Balcaen et Marc Saunier, pour leur aide, leur soutien, leur attention.

— Bruno Allain —

Quel-que chose n'allait pas tarder à
(à marcha) jusqu'à Heuidre
arriver devant
Je ~~ne suis arrivé et~~ aperçu au loin une personne allongée à coté
je dit à un de mes amis : " changeons de ~~regarder~~ ~~surveiller~~ Observer
Bois nous ~~guette~~ surveille ". (puis) mon amis me dit : " tes un ~~poule mouille~~ kiffeke ou quoi ? on est en nous arrivés " ~~et~~ (puis) je repris ma route de ~~surveiller~~ guéter cette homme
avancés j'entendais ou fur et à
Je ~~marcher de plus en plus vite~~ scélérait le pas mon coeur battre de plus m'attrapa ... ~~C'est un~~ , (puis) mon ami Niko, il me dit : ~~rester trop longtemps ici~~ je me ~~suis~~ retournai pressé et je lui ~~dit~~ rends : pourquoi est Niko ~~se retourner~~ il rotte fiée pour rien mais j'ai ~~on va~~ Bon les vers mes amis , ici moi

Pourquoi ?

Pourquoi ?
Vous vous demandez pourquoi je dis pourquoi ?
Oui, pourquoi je dis pourquoi ?
J'aime ce mot, c'est vrai, ce mot est intéressant.
Ce n'est pas la première fois que j'aime un mot.
Surtout le mot pourquoi.
On a tendance à dire « pourquoi » pour se poser des questions.
Moi, c'est différent.
Pourquoi, pour moi, c'est ma vie.
Je ne me comprends pas moi-même alors pourquoi m'aide à le faire.

— S. 6e —

Je vis dans le 18e. Comme tant d'autres, tous les matins, je me rends au collège Utrillo. Je ne suis pas le seul. Mais mon trajet est unique et mes pensées le sont aussi. Je suis né, j'ai grandi et j'habite dans le même quartier. Pourtant je ne le connais pas si bien. Il change tous les jours. On dit que l'école est le salut des jeunes. Elle permet aux dits « défavorisés » de réussir. Le trajet quotidien est en quelque sorte le trajet de la réussite.

Le matin, je sors, encore demandeur de sommeil. Je m'interroge sur ce que me réserve la journée. Je vois beaucoup de gens. Je ne sais où ils vont, ce qui les tracasse. Je ne les connais pas. Ils ont leurs pensées matinales. C'est ça, leur richesse. Je retrouve souvent des amis. On fait le trajet ensemble. Certains jours, je préfère marcher seul. Je contemple le quartier. Parfois j'essaie de ne penser à rien. Je marche et c'est tout. Le matin est toujours très calme. Les rues sont peut-être bondées. Personne n'est complètement réveillé. Le bruit s'installe rapidement en arrivant à la Porte de Clignancourt. Beaucoup de voitures, de bus... Enfin j'arrive au collège. Ce moment si délectable qu'est le matin est fini.

À demain.

— Y. 3e —

Je veux faire des imeuble
Je veux faire des école
Je veux faire des magasin
Je veux faire des association
Je veux aider mes parent
Je veux dévellaper la guinée
tout Je veux construire des maison, des hopital, des usine
Je veux faire mon rêve
Je veux tout faire pour aider
Je veux faire mon rêve est se rêve s'est d'être médecin à la fois président de la Guinée et la dévelopé

On est tous intelligents

Les filles, les gars, les gens
Tous ensemble on se ressemble
Qu'on ait des idées ou pas
Nous sommes tous comme ça
Elle a son opinion
Il a son opinion
On est tous égaux
Qu'on soit maigre ou gros
Ici il y a des lois
On a tous nos droits

Dans le pays d'où je viens
Nous sommes tous des chiens
Des femmes sans valeur
Vivant dans la peur
Ici en France ce n'est pas pareil
Beaucoup de femmes s'émerveillent
Elles ont les cheveux au vent
S'habillent normalement

Elles font ce qu'elles veulent
Sans qu'on les engueule
Tandis que là-bas
Aucune femme n'a le choix
Elles ne peuvent sortir
Sans prévenir
Elles sont toujours cachées
De la tête aux pieds

— C. 5e —

J'éclate en sanglots mais que se passe-t-il ?
Mes bras, mes jambes : de la glace.
Ma tête : dans l'air.
La seule question : est-ce la fin du monde ?
J'essaie de bouger, je reste tétanisée.
Mes larmes coulent. J'ai le cœur qui bout.
Où suis-je ?
Je ne sais pas.
Une chose : je suis persuadée que c'est la fin. J'ai l'impression que le monde bouge mais pas moi. C'est la cinquième dimension.
Deux minutes plus tard, je commence à remuer.
Ce sont peut-être mes larmes qui ont brisé la glace.
Le lendemain je me réveille dans mon lit, je ne sais pas ce qui s'est passé.
Je sais juste que c'est le début d'un grand et interminable cauchemar.
Je lève ma tête, effectivement le ciel est bleu, mes bras et mes jambes avancent, je me sens aussi légère qu'une plume.
Je ne sais même plus si j'éprouve de la peur ou de la haine.
Mes bras serrent mon cou de toutes mes forces.
Je fais cinq pas et je tombe.

— M. 4e —

Il dort. Tout d'un coup, il tremble. Le voilà en train de rêver. Sa mère tombe dans les escaliers. Il se réveille.
3 heures plus tard, sa mère va au travail. Comme l'ascenseur est en panne, elle prend les escaliers. Elle tombe.
Il se dit que les rêves peuvent être vrais. Il est en pleurs. Il avait oublié de dire à sa mère qu'une dame allait tomber. Sa mère répond : Tu es un voyant !

Heureusement c'est faux.

— M. 6e —

Les parents idéaux

Mes parents sont nuls, me dit ma copine.

Je lui réponds : t'as vu les miens ? Et on commence à réfléchir sur les parents idéaux, alors ça donne :

— Des parents sympas qui parlent notre langage.

— Des parents qui nous laissent sortir, sauf après 23 h.

— Des parents qui ne disent pas, dès que tu as fait une gaffe, « on va t'envoyer au bled ».

— Pas des chiants.

— De beaux parents stylés.

— Qui sont jeunes.

— Qui nous laissent sécher les cours… etc.

Mais ma copine m'interrompt : « Ces parents-là sont trop idéaux ; s'ils savent ou nous laissent sécher les cours, où est le plaisir de faire des gaffes, des bêtises ? Et c'est quand même bien de se faire crier dessus, au moins ils montrent qu'on compte encore pour eux. Finalement je crois que mes parents sont presque ou à moitié idéaux ».

Je lui réponds :

— Ouais, tu as raison. Je continuerai quand même à dire (mais moins) qu'ils sont nuls et que je les aime.

— Ouais, t'as raison.

— D. 5e —

La Fille : Ah ! Il est là ! Vas-y, marche tranquille. Comme si tu ne l'avais pas vu… Il est là, je passe à côté, je meurs d'envie de le regarder mais si je le regarde je perdrai tous mes moyens. Continue. Vas-y. Maintenant tu peux le regarder en te retournant, il est assez loin. Je me retourne. Merde ! Il me regarde. Vas-y continue de marcher. Mes pieds vont vite. Oh j'ai tout fouaré !

Le Garçon : Pourquoi je l'ai regardée ? Maintenant elle me fuit. Comment l'aborder ? Je suis trop timide. Ah ça y est, je crois, j'ai trouvé. Je ne lâche pas l'affaire. Excuse-moi, t'as pas l'heure ?

La Fille : Je ne réponds pas. Je continue de marcher. Pas de gaffe.

Le Garçon : Excuse-moi, t'as pas l'heure, charmante demoiselle ?

La Fille : Pardon, je n'avais pas entendu. Si, j'ai. Attends. Je sors mon portable. Il est 14 h 30.

Le Garçon : OK merci.

La Fille : Bon.

Le Garçon : T'as encore le temps ou t'es pressée ? Je voulais te parler.

La Fille : Non mais en fait je suis à la bourre. Qu'est-ce que je raconte !
Le Garçon : J'en ai juste pour une minute même pas. C'est pour que tu me passes ton numéro de téléphone.
La Fille : Euh...
Le Garçon : Ouais ?
La Fille : Réponds, mais réponds ! Le doute m'envahit ! Donne-lui ! Perds pas ta chance ! Et pourquoi ?
Le Garçon : Parce que...
La Fille : Ouais ?
Le Garçon : Tu me plais.
La Fille : Là, je ne sais plus quoi faire. Au moment où il sort cette phrase, je perds tous mes moyens... Tu crois que c'est facile de m'avoir comme ça. Tu me vois dans la rue, je te plais et hop tu veux mon téléphone.
Le Garçon : Je ne suis pas romantique.
La Fille : Vas-y, ça a l'air d'un mec bien.
Le Garçon : Alors ?
La fille : T'as de quoi noter ? Il sort son stylo. C'est la catastrophe. Et si je lui donnais un faux numéro.
Le Garçon : Ne te trompe pas, hein ? Je te retrouverai...
La Fille : Pour qui tu me prends ?

— K. 3e —

Beauté fatale

quelque chose insser
le 15 mai :
ormait profondemen
lit avec un homme
ement je me dirigea
d'un couloir droit, je
rmier et j'
la vraiment j'ouvris to
bebe d'environs 2 mois j'etais
e ses affaires c
pletement oublie comme
ts je sendit . Je
sauta et une mai
ton l'homme
je lui mais aller vient on
ni, mais repondi : ...

Ce matin, comme tous les matins, je sors de chez moi. Je traverse la rue Vincent Compoint. Je m'arrête devant la boulangerie. Je rentre pour m'acheter des bonbons. La boulangère n'est pas là. J'essaie de faire du bruit pour qu'elle m'entende et qu'elle vienne me voir. Elle ne vient pas. Je passe derrière le comptoir, toujours rien, je vais dans l'arrière-salle, elle n'y est pas. Là, je vois une porte qui brille. Elle brille tellement que je me sens attirée. Je m'approche à pas lents. J'aperçois le comptoir pour faire le pain. Il n'y a pas le boulanger. Je fais un autre pas, je franchis la porte et, là, je me retrouve à l'hôpital. Je demande aux gens dans quel hôpital je suis. Personne ne me répond. Les gens s'habillent bizarrement : en jaune fluo. J'ai l'impression qu'ils ne me voient pas. C'est ça, je suis invisible. J'avance et je crois reconnaître ma mère et mon père. Ils sont drôlement vieux. Il y a une fille sur le lit d'hôpital. Je crois qu'elle a eu un bébé. Son bébé est vraiment mignon. Je me demande ce que mes parents font là et surtout pourquoi ils sont aussi vieux. Ma mère appelle la fille Diana. J'ai compris. C'est moi qui suis sur le lit et le bébé est mon enfant. D'un coup, je me retrouve dans la boulangerie. La boulangère est là, tout est normal. Je vais au collège et tout est normal. Tellement normal que je vais en cours et que je m'ennuie.

— D. 6e —

Là où je vis

C'est là où j'ai grandi
Et franchement je vous dis
C'est pas là que j'finirai ma vie
Beaucoup posent des problèmes
Des problèmes qui les rendent blêmes
Certains viennent du nord, d'autres du sud
Y en a assez pour faire un milk-shake
Y en a qui connaissent à peine
Le quartier des Champs-Élysées
C'est vous dire, les banlieusards restent dans leur banlieue...

— S. 3e —

Le matin, je me lève une heure avant mon premier cours. Je prends mon petit-déjeuner et hop ! je m'habille. Je sors de chez moi vingt minutes avant l'école. Je me poste devant la station de bus « Émile Bertin ». Je suis avec plusieurs potes. Comme tous les jours, nous voyons des sans-abris ivres. Ce matin, l'un d'eux, barbu, les joues rouges, avec une paire de pantoufles, était complètement bourré. Il tomba par terre d'un coup. Il gigotait de tous ses membres. On croyait qu'il avait une crise cardiaque. En réalité il faisait une crise d'épilepsie. Il bavait de partout. Son ami, qui ne savait pas comment réagir, lui versait de l'alcool dans la bouche. C'est peut-être ce qui l'a tué. Ça a duré une trentaine de secondes ; puis il n'a plus bougé. On était persuadé qu'il était mort. Le bus arrive enfin. Je le prends pour aller au collège, comme un jour normal.

— A. 3e —

J'avance sans savoir où aller

L'avenir est incertain.
Je peux bien mourir demain
Tout me fait peur.
Je ne me fie qu'à mon cœur.
Je pleure pour mes frères et sœurs
Qui se meurent.
Je prie pour un monde meilleur.
On dit que si tu sais d'où tu viens
Alors tu sais où tu vas.
Mais savons-nous vraiment d'où nous venons ?
Peut-être que tout est illusion, je dirai même fiction.
Serais-je dans un long rêve ?
Mais quand vais-je me réveiller ?
Peut-être que la mort serait le début de la vie.
Pourquoi pas ? Qu'en savons-nous vraiment ?
On dit que nous sommes tous sur terre pour accomplir une mission.
Mais quelle est la vraie raison
Ou quelle est ma mission ?
On dit qu'après la mort c'est la vie
L'enfer ou le paradis.

— A. 3e —

Tu marches dans la rue.

Tu vois le feu vert.
Tu avances.
Tu sens l'asphalte sous tes pieds.
Le feu devient rouge.
Une voiture n'est pas loin.
Tu ne bouges plus.
Tu regardes la voiture.
Tu sens l'essence.
Elle freine.
Freine.
Haaaaa.
Le chauffeur t'écrase.
Tu souffres une seconde.
Tu meurs.
Tu vois noir.
On appelle tes parents.
Tu vois la vie.
Ta famille te voit mort.
Tu souffres pour eux.
Toi aussi tu les vois.
Tu les vois hors de ton corps macabre.

Tu sens l'asphalte mouillé.
Tu montes dans le ciel en criant « Je suis là ».
Mais rien.
Tu cries et ils n'entendent pas.
Le ciel est beau, gigantesque.
Plus d'odeur.
Tu ne cries plus : ton âme monte.
Tu ressens la légèreté.
Tu te réveilles dans ton lit.
Tu vois ta famille.
Tu sens le petit-déjeuner.
Tu es heureux.

— S. 4e —

Oh mon amour pourquoi
pourquoi tu ne veux pas de moi
ha ha ha ha moi je pose beaucoup de questions mon amour mon amour mon amour j'aimerais qu'on parte au pays imaginaire imaginaire ha ha ha ha

oups choups pachoups ça oups choups pachoups ça !!!

Je suis emprisonnée dans une boule de papier.

Quand je me regarde dans la glace, je vois mon visage ridé et mon nez déformé. J'aimerais retrouver ma jeunesse et mes lèvres si tendres si tendres. J'aimerais retourner au passé et recommencer ma vie et recommencer ma vie. Pour moi, le monde est si cruel si cruel. La la la la la la...

— S. 6e —

MOI TOUTE SEULE JE VOUDRAIS ENLEVER LA RAGE QUE CHAQUE MORTEL A EN LUI

Moi toute seule je voudrais qu'il n'y ait plus de pauvres
Moi toute seule je pense à des choses hors du commun
en imaginant qu'un jour ça se réalise
Moi toute seule j'ai des histoires bêtement mais il n'y a pas que moi
Moi toute seule je voudrais partir à la recherche d'un nouveau monde où la paix et la gentillesse règnent
Moi toute seule du haut de ma fenêtre je regarde les gens s'entretuer
Moi toute seule je me bats à chaque instant de ma vie
pour sauver ma peau
Mais je me dis qu'un jour je passerai quand même
Moi toute seule je pense à l'amour, l'amour, l'amour, ce mot que personne n'a jamais compris et que personne, je pense,
ne comprendra jamais.
Pauvres de nous mortels, femme, homme, enfant, nourrisson
Moi toute seule je me dis que la vie est un mot cruel

— E. 4e —

J'avais le cœur qui battait
J'avais un désir d'émotion qui envahissait mon être
Et tout d'un coup j'éclate en sanglots
Puis je me calme par les mots doux de ma mère qui me caresse la joue et de mon père qui me regarde avec tendresse.
Et moi je tremble de la tête aux pieds.
Après cela, je pars me coucher. Il y a encore mon cœur qui bat et j'éclate à nouveau en sanglots de toutes mes forces.
Le lendemain je sors, je regarde l'immeuble d'en face, je me rappelle de ces cris terribles et de mon sanglot intérieur.
La façade était blanche avec une vingtaine de fenêtres grises.
Une fenêtre m'était particulière.
C'était le fruit de ma tristesse
Et j'en pleure toujours.

— D. 6e —

Moi aussi j'ai le droit ~~d'être~~ d'avoir un grand logement
Moi aussi je peux voter
Moi aussi je peux trouver du travail même si je
suis noir.
Moi aussi j'ai ~~une~~ équipe qui s'appelle.
Championnet-Sport, ils ont porteut le maillot Blanc.
Moi aussi je peux dire j'aime pas les Blanc.

comme les blancs ~~disent~~ pour les noirs

mais je ne suis par raciste
et je n'ai pas envie de l'être

Moi aussi je voudrais être footbaleur
Moi aussi je suis heureux même si je suis pas dans
mon pays là bas c'était la guerre maintenant les gens
rigoles

Coulibini

Un mardi après-midi, ma famille et moi, nous sommes allés à la plage. On était en Poitou-Charentes. Au bout de plusieurs heures, la promenade commençait à être ennuyante. J'ai donc décidé d'aller sur la mer. Ma tante, frigorifiée par l'océan, était la seule à ne pas vouloir. L'idée a été remise en question. Je me suis alors séparé du groupe, marchant pieds nus sur le sable qui m'embrasait les talons à cause de sa grande chaleur. J'ai aperçu en sursautant un beau bateau de pêche. J'y suis allé. J'ai vu un vieil homme. Il m'appela et me demanda si j'étais seul. Je lui répondis que j'étais avec ma famille qui était plus éloignée. Je me suis approché du bateau de couleur rouge et bleue. Je l'ai caressé très délicatement en faisant tout le tour. Le vieil homme me proposa de m'emmener avec ma famille pour observer le coucher du soleil. Étonné par sa gentillesse puis en même temps très content, j'ai couru annoncer la nouvelle. Tous stupéfaits eux aussi, à part ma tante. On est donc allé sur la mer. Le vieil homme, passionné depuis longtemps, me dit : tu vois, cette ligne, c'est l'horizon. Soudainement le coucher du soleil commença. J'étais ébloui du spectacle qui fait peur, à la fois qui est beau à voir. Je comprends maintenant pourquoi avant on disait que la terre était plate.

— T. 6e —

En me regardant dans la glace,

je me demande parfois si c'est moi.
Ou je me trouve pas très jolie ou du moins pas spécialement.
Oh mince ! Mes cheveux ! Je ne peux pas aller au collège comme ça sinon on se moquera de moi.
Il y a des fois je me demande si je plais à des gens mais ça n'a pas d'importance.
Je me dis que plus je me regarde plus je me déteste. Je le fais tous les matins.
Au bout d'un moment, je me dis : tu es prête pour aller au collège.
Dans ma tête de petite fille, je pense que le maquillage me cachera un petit peu.
Après tout, la vie est un combat, il y a pire que moi, je ne suis pas tellement désastreuse.
La parole de mes proches m'arrête souvent sur les idées que je me fais.
Il faut déjà que je me plaise à moi, après on verra pour les autres.
Je suis trop poète et pas assez hargneuse.

— E. 4e —

Ce jour-là, je pris la rue Duhesme. Mais elle était différente des autres jours. Il n'y avait plus l'école maternelle Rouanet. Elle était remplacée par un magasin dont le nom n'était pas mentionné. Il était magnifique et brillait de mille feux. Il n'y avait qu'une seule porte d'entrée : bleu ciel. En face, deux grands sapins décorés avec des guirlandes et des boules. J'avais l'impression qu'on était à Noël.

J'entendis une voix qui me disait de venir. Je m'approchai de la porte. Sans la toucher, elle s'ouvrit. Je me trouvais dans une salle. Il y avait des fuseaux lumineux, des boules chinoises décorées avec des fleurs : des marguerites et des roses. Au fond de la salle, un bar où on servait une glace au coca et chocolat. J'aime la danse mais je n'ose pas danser devant un public : j'ai le trac. Mais, là, c'était différent. J'avais la musique dans la peau. Je ne pus me retenir. Je faisais des pas de danse moderne pourtant je n'ai jamais pris de cours. Les jeunes filles et garçons firent un rond autour de moi. C'était merveilleux parce que je n'avais plus honte et je me sentais revivre.

Tout à coup, la cloche sonne 8 h 30. Tous les danseurs et la salle disparaissent. Je me retrouve dans la cour de la maternelle. Le gardien vient et me demande ce que je fais là. J'avais tellement honte que je sortis en courant.

Depuis, toujours, je n'ose plus passer devant l'école Rouanet.

— I. 5e —

Sincère

C'est pour les spécialistes du double jeu.
Sincère jusque dans ma chair, sois sincère que je te sois chère.

C'est aussi chaleureux qu'un repas en famille.
C'est aussi malheureux qu'une enfant bannie.
Tu veux garder tes amis ? Évite de les surpasser.
Dur d'avancer à deux quand l'un bloque sur le passé.
Quand l'amour est intense, on devient naïve par inadvertance.
On considère le futile, rejette l'importance.
Maturité s'acquiert avec le temps, l'expérience.
Sincère est le bon qui sépare méfiance et confiance.
Sinon on s'offense, se trahit, les cœurs se déchirent.
Y a de meilleures façons de vivre, de penser ou d'agir.
Faut savoir scruter, relativiser ses difficultés
Pour faire évoluer ses facultés
Pour tes amis, tes « potos » qui parlent mal dans ton dos
Tant d'années qu'on se connaît, des fautes peuvent nous condamner.
Pour ton mari ou ta femme, celle qui t'aime, protège ton dos.

— L. 3e —

Si loin de toi je suis si seule tu me manques PAPA…

Pourquoi n'es-tu plus là ?
J'ai tant besoin de toi. J'ai envie de pleurer, de crier, de mourir.
Tu m'as rendue si fragile, PAPA, que je ne suis plus rien sans toi.
Tu es parti trop tôt. Je t'en veux de me laisser souffrir. Je t'en veux tellement.
Papa, si tu étais là, je pourrais vivre et non survivre. Depuis que tu n'es plus là, j'ai honte d'exister (alors que, toi, tu n'as pas cette chance, si c'est une chance !)
Mais peut-être où tu es, tu es heureux.
Moi, je suis obligée de me forger une carapace.
Celle de la fille qui sourit, celle de la fille plus forte et plus mature, celle qui comprend si vite et qui a tout pour réussir.
Mais les gens ne savent pas que de perdre une sœur c'est dur, son grand-père aussi, et son père, c'est insurmontable, tout ça quand on n'a que 14 ans.
Cette douleur en moi est constante, elle me fait mal. En partant tu as détruit quatre vies, la tienne et celles de ceux que soi-disant tu aimais.
Je t'en veux de ne pas m'avoir plus prise dans tes bras.
Je m'en veux de n'avoir rien pu faire.
Je t'en veux d'avoir pris une dose de trop.

Je t'en veux car tu me disais toujours que sans moi tu ne pouvais pas vivre et elle t'a tué, elle t'a trahi, chose que je n'aurais jamais osé faire à celui que j'aime le plus au monde.
Tu seras là tout le temps.
Je cherche chez un homme tout ce que tu ne m'offriras jamais : tu m'as trompée avec elle, cette drogue. Et pour ça, je t'en voudrais à vie, je suis toute seule aujourd'hui et je t'aime tout simplement…

— J. 3e —

Je marche tout droit. Je ne sais pas où je me trouve. Je me sens mal. Ma tête tourne. Mon cœur bat au premier degré. J'avance dans le couloir. Je me perds devant les portes qui m'entourent. J'ai l'impression que les murs se referment sur moi. J'ai du mal pour respirer. Je m'arrête devant une porte. Il est inscrit : juge pour mineurs. Je dois rentrer. Je prends mon souffle. Dans ma tête, je commence à avoir des hallucinations. La porte me parle. Elle me dit : « si tu rentres, tu ne ressortiras pas, tu ne reverras plus tes proches ». Je suis effrayée. Je dois y aller. Sinon mes parents auront des problèmes. J'entre. Je vois du monde qui me fixe comme si je venais d'une autre galaxie. Je me demande pourquoi tant de gens à gauche, à droite, devant. Je m'assois. Il y a des barrières marron qui m'entourent. À côté la police est arrivée : tout ça pour moi. Dans ma tête, je suis perdue. Comme si j'étais un danger public ! Je prends mon souffle. Le juge me dit mon verdict. Tout ça s'est passé dans ma tête pendant une heure, alors que mon avocat expliquait mes problèmes.

— A. 4e —

Je me souviens être dans une grande maison. Je me sens toute petite. Je ne sais pas très bien ce que je fais là. J'ai peur. J'entends une porte qui claque. Je sors de la pièce où je suis. Me voilà dans un long couloir sans fin. Le couloir est tout noir. Au fur et à mesure que j'avance, des lumières s'allument. Il y a plein de portes. Je rentre dans l'une d'elles. Je suis entourée de poupées en porcelaine. D'un coup elles ouvrent toutes les yeux. Elles se mettent debout et commencent à marcher. Je sors en courant. Mais ce n'est plus le couloir. Je suis dans une grande salle. Là, j'entends des pas et une scie. J'ai peur. Ça se rapproche. Je regarde derrière moi. Les poupées arrivent. J'entends de plus en plus la scie. C'est un monsieur. Il me regarde bizarrement. Il marche. Mais il est fou : il me fonce dessus. Si j'avance : l'homme et la scie. Si je recule : les poupées. À gauche et à droite : pas d'issues. Soudain j'entends bip bip bip bip bip bip bip. Je sors de là.

— D. 6e —

Moi, je me demande comment serait ma vie si j'avais un double. Double de moi, comment serais-tu si tu existais ? J'aimerais en avoir un. Mais il pourrait me voler ma vie, mes parents, mes amies, et je n'existerais plus. Je n'aurais plus de nom et on me prendrait pour une délinquante qui erre dans les rues. Je commencerais à disparaître un peu chaque jour puis après à jamais.

— I. 5e —

Il fait 25°C et je suis en Algérie. J'ai arrêté mes études pour aider mon pays. Je voulais qu'il soit plus beau et encore plus agréable. Je n'ai fait qu'empirer les choses. Je voulais être présidente. Je me suis battue et j'ai réussi. Mais je n'étais pas douée pour gouverner. Je voulais tellement bien faire que je ne voyais pas mes fautes. Maintenant j'ai tout perdu, mon pays, une chance de l'améliorer, ma famille déçue et mon espoir. C'est comme si mon heure de gloire était finie. Il ne me reste que moi, un très grand désert de pierres et le coucher du soleil.

— S. 5e —

C'EST L'HIVER, IL FAIT FROID, IL FAIT NUIT

Comme chaque matin, je fais ce chemin
Ce simple chemin qui me mène au collège
J'habite le boulevard Ney et c'est mal fréquenté
Il y a des prostituées, des drogués, des clochards
Ce matin c'était un alcoolique, il était peut-être drogué
Ou peut-être était-ce un drogué alcoolique
En tout cas il était là, grand, fatigué
Habillé de sombre avec un bonnet, il sentait mauvais
Assis sur ce banc à 100 mètres de chez moi
Une dame devant moi va tranquillement au travail
Elle passe calme, un fracas puis deux
L'homme lui lançait des bouteilles en verre
Sûrement sa boisson de la nuit
D'un coup je sens mon cœur battre
Il pourrait arriver n'importe quoi
Imaginez qu'il lance une bouteille sur moi
Mon cœur bat de plus en plus vite
Tout est amplifié
Le temps est ralenti à l'intérieur
Et accéléré en dehors
Je ne sens plus le froid
Juste mon cœur, mon cœur et les bouteilles

J'avançais toujours, sans ralentir ni accélérer
J'avais peur, l'homme n'était pas conscient de ses actes
J'avance encore. Ouf! C'est fini!
L'homme est derrière moi, je rentre en cours
Et encore une journée de plus!

— M. 3e —

Le matin en me réveillant je me regarde dans le miroir en me disant ce que je ferai de cette journée. Je me trouve quelquefois moche. Je pense des choses tristes et je pleure. Quand je suis de bonne humeur, je me trouve belle, je parle à moi-même, je suis heureuse. Et aussi j'aime bien parler au miroir avant de me coucher. Quand je suis énervée, je m'insulte. J'essaie des habits, je chante, je danse, je joue à la maîtresse. Quand je parle au miroir, je lui demande : Est-ce que je suis belle ? Ai-je une belle tête ? Est-ce que j'aurai la moyenne ? Quand est-ce que je serai majeure pour avoir ma belle vie d'adulte devant moi et de très beaux enfants et un bon boulot ? Est-ce que je deviendrai infirmière ? Est-ce que j'aurai mon bac ? Alors et toi, miroir, raconte-moi un peu ta journée. Mais parle-moi, voyons.

— M. 4e —

Je montais les escaliers de mon immeuble. Ma mère était devant moi. Nous étions tous deux chargés d'énormes sacs de voyage. 2e étage. La porte est d'une couleur acajou, bois foncé parsemé de temps à autre de rayures ou de tâches plus claires provoquées par l'enlèvement du vernis. Elle est composée de petits reliefs en forme de carrés, comme taillés dans le bois. Il y en a deux séparés par une poignée et un écart rectiligne entre eux. Cette poignée est en fer, dorée, implantée dans la porte. Mais elle ne permet pas d'ouvrir. Il y a aussi trois serrures : une en haut, au milieu et en bas. Elles sont alignées sur la gauche. Une fois ouverte par ma mère, je me suis dit en entrant : « enfin la liberté ». Je me suis affalé dans le canapé en laissant tomber les sacs sur le sol. Pour la première fois depuis un an, je rentrais chez moi avec ma mère sans mon frère ni mon beau-père. Moi, ma mère, la maison et c'est tout !

— M. 4e —

En sortant de boîte, samedi soir, mes copains et moi, nous marchâmes dans une allée sombre et lugubre. En chemin, je sentis que quelque chose n'allait pas tarder à arriver. Nous continuâmes jusqu'à atteindre un bar. Son enseigne rouge éclairait le trottoir. J'aperçus au loin une personne allongée à côté des poubelles en train de nous observer. Je m'arrêtai. Je dis à un de mes amis : « changeons de lieu, le type là-bas nous surveille ». Mon ami me regarda et me dit : « T'es une kiffette ou quoi ? On est six, il ne peut rien nous arriver ». Je repris ma route et je continuai de guetter cet homme. Au fur et à mesure de notre avancée, je sentais mon cœur battre de plus en plus vite. J'accélérai le pas. Une main m'attrapa. Je me retournai. C'était mon ami Niko. Il me dit : « Pourquoi es-tu aussi pressé ? » Je lui répondis : « Pour rien, je n'ai pas envie de rester moisir ici ». Niko fit volte-face vers nos amis et leur lança : « Bon, les mecs, il faut qu'on fasse vite ». Nous reprîmes la route. Voilà. Je le voyais. Il n'était plus qu'à quelques mètres de moi. En nous apercevant, la personne se leva. Elle était remplie de poussière. Elle me regarda droit dans les yeux. Puis elle fouilla dans sa poche. Une copine cria. Mes amis se retournèrent et coururent. Moi aussi. Je le voyais debout en train de nous fixer. Un autre criait encore : « courez courez ! » et nous disparûmes au loin.

— H. 3e —

Trop de choses dans ma tête, dans mon cœur.

Trop de mal, de larmes, de haine.
J'ai mal sans savoir pourquoi.
J'ai trop de choses à dire
Sans en dire.
J'ai du mal à vivre.
Trop de choses dans ma tête.
Pourquoi ? Je sais pas.
Pourquoi ? J'me demande.
La haine qu'il y a en moi, je la transmets autour de moi, que ce soit à l'école, avec mes amis ou ma famille. Trop de rancunes sans savoir pourquoi.
Je pense à mon avenir
Au monde
Aux gens que j'aimais plus que tout et qui m'ont quittée.
J'ai mal, j'ai tellement mal, si vous saviez.
Si Dieu le veut, je voudrais être une chanteuse, mais moi je sais, je suis une grande rêveuse, ma mère me dit tout le temps « Inchallah ». Maintenant il suffit d'y croire. Mon destin est déjà tracé. Quoiqu'il puisse arriver, rester toujours le poing levé, c'est ce qu'on m'a appris à respecter.

— N. 4e —

Dans le ✗♥Z

En force PSG

J'était dans la rue je marchais tout doucement je voyais hyd~~e~~ il était dans sa voiture il était ~~junki~~ gentil

c'est le lendemain le réveil vient de sonner je suis à moitié enfoui par mon lit j'ouvre les volet je fais ~~p~~rend mes affaire et mon cartable c'est l'après-midi

et je vois un junki c'était un lossbo qui va dire qu'il a un tir ???

il a pleurer

sai ptdr tdr Mdr Monde

Y

RIRE

H

il me Pété de ~~d~~ RiRe je me fesait écraser

END

Je suis sortie de chez moi. Je suis allée prendre l'ascenseur. J'ai appuyé sur le bouton CH. Quand je suis arrivé en bas, j'ai vu la femme de ménage. Elle m'a dit bonjour. Je lui ai répondu de même et j'ai continué mon chemin. Quelques pas plus tard, j'ai croisé le gardien. Il m'a dit : « ce soir, préviens ta maman, qu'elle vienne chercher un colis à la loge ». Je suis passée devant le stade et la piscine. À un moment, j'ai vu un homme très étrange. Au début je n'ai aperçu que le côté gauche de son visage. Normal. Mais le côté droit était complètement brûlé. Je lui ai demandé ce qui lui était arrivé. Il m'a dit :

— J'ai laissé le gaz ouvert par inadvertance, j'ai pris une cigarette, je l'ai allumée et ça m'a brûlé.

Je me suis dit que je ne fumerai jamais. De toute façon, je ne peux pas parce que je suis asthmatique. Tellement je suis curieuse, je suis arrivée en retard à l'école.

— S. 6e —

J'étais en train de traverser la rue et tout d'un coup je vis un nuage gris avancer vers moi. Il y avait des gens qui hurlaient, des gens affolés qui me regardaient comme si j'étais une intruse. Et toujours ce nuage qui avançait vers moi. Je me demandais ce qui allait se passer. Je tournais en rond. Au loin, je vis Aïcha et Diana qui pleuraient et qui murmuraient quelque chose comme « Stephie, sauve-toi ». Quelque chose me frappa le dos. Je sentis une douleur atroce. Je compris que ce nuage était une tornade. Je pensai à mes parents. Pour moi, la vie était terminée.

Je sentis cette douleur partir peu à peu. Une personne à côté de moi me tendait un petit-déjeuner. Je me demandais où j'étais. Je vis un ange et un autre ange. J'étais troublée, fatiguée et épuisée. Au loin je vis Djenaba. Je me demandais ce qu'elle faisait là. Et Diana qui était en train d'embrasser un ange ! Je vis un portail où était écrit « Paradis ». J'étais dans un autre monde. Les anges étaient de couleur noire et rouge. En fait, chacun avait un style différent. Je pleure, je crie, je prends un couteau et je me tue. Mais je ne sens rien. Alors je reste à ne rien faire et ne pense qu'à contempler le malheur de vivre.

— S. 6e —

Quand je prends le bus, je vois beaucoup de monde : je prends le PC3 et dans ce bus laisse tomber ! Parfois tellement il y a du monde, on est obligé de marcher. Et quand tu marches sur la route, il y a des gens très étranges. C'est indéfinissable. L'autre jour, j'ai vu une fille qui courait pieds nus, les chaussures en main, un immense sac à dos.

Elle courait. On aurait dit qu'elle se faisait poursuivre. Elle avait peur. Je me suis posé un tas de questions. Ça reste sans réponse. Je regardais cette dame comme je n'avais regardé personne auparavant. Je lisais sur son visage de l'angoisse et de la tristesse.

Dommage qu'elle courait vite sinon j'aurais peut-être eu le courage de l'aborder. J'ai vraiment eu pitié. En plus il faisait froid. Je me suis retournée pour voir où elle allait. Mais je n'ai vu personne. Cela m'a paru très bizarre. Parfois je me dis que la vie est bizarre et injuste. Comme un mur impénétrable.

— M. 4e —

8 heures du soir

Tu fais quoi, là ? Fais tes devoirs. Tes parents regardent la télé, comme d'habitude, les voisins ne font pas de bruit, tu te fais chier. Alors ? Qu'est-ce que tu pourrais faire ? Skater ? Non trop tard, tes parents vont t'engueuler. Guitare ? Non, ça me saoule. Devoirs ? Je les ferai après. Appelle un de tes potes. Ça ne sert à rien. Appelle-la. Non. Elle ne veut plus te parler. Dormir ? Non faut que je fasse mes devoirs. Allez bouge-toi, fais un truc. Tu sais, je ne suis pas obligé de faire un truc, il est 8 h 30, c'est pas la mort quand même. Bon allez remue-toi. Ma mère prend sa douche, on l'entend chantonner. Mon père regarde la télé et bouffe. Il y a de l'eau sur la table. Mon assiette est sur mon bureau. J'ai encore faim. Va manger un gâteau. Non, je suis trop écœuré par cette merde. Bon 9 h, fais tes devoirs. Non, ça me fait trop chier, putain ! C'est toujours comme ça, tu ne veux rien faire, tu es vraiment fainéant. Allez ! Un truc, ah oui, je sais, je vais regarder un épisode de South Park. Non je les ai tous vus au moins cent fois chacun Ho la la ! Bon, va sur internet, ah merde j'oubliais t'as plus internet. Tout ça parce que tu ne veux pas bouger ton cul. Non c'est faux, je les ai appelés, n'importe quoi, tu ne les as appelés qu'une seule fois. Ne te mens pas à toi-même. Bon allez fais un truc. Je ne sais pas si tu te rends compte mais ça fait plus d'une heure que tu te fais chier à ne rien foutre. Ah je sais, je vais m'amuser avec un stylo, c'est sympa.

— M. 3e —

La colère

Le cœur cogne fort, de plus en plus.
Les nerfs montent.
Les muscles se tendent, ils deviennent durs comme de la pierre.
On peut se lâcher en cognant.
Le cœur bat plus fort.
Les coups et la peur se font moins ressentir.
Le cœur bat plus fort.
Les nerfs montent
Les muscles durcissent.
Mais au bout de quelque moment
Le cœur bat moins fort.
Les nerfs repartent.
Et le calme revient.
Des éléments peuvent redéclencher l'action.
Le cœur bat vite vite vite.
Les nerfs remontent.

On ne voit que la personne qui énerve.
Les nerfs se multiplient.
Le cœur cogne.
Le cœur cogne.
Il bat.
Et les muscles redoublent d'effort.
Au bout d'un moment tout s'arrête.
Pour me calmer quelquefois je craque mes doigts.
Mais si j'ai un ami qui me cherche, je vais me concentrer sur ma force.
S'il abuse, mes nerfs vont durcirent.
Certes je le taperai mais moins fort qu'un ennemi.

— S. 6e —

Aujourd'hui, il fait beau. Je me rends à la banque pour travailler. J'entends mon portable sonner. Je réponds. C'est mon petit copain. Il me dit : je t'aime, t'as de beaux yeux, t'as la peau douce. Il raccroche. Je marche. Je tourne à droite. Là, je vois le supermarché rouge et blanc. Je passe pas mal de temps à acheter de la nourriture pour midi. Je paye à la caisse. Je continue à marcher, m'arrête, attends le tramway. Je descends à ma station. En face m'attend la banque. Je salue tout le monde et je me mets à travailler. Cinq heures plus tard, enfin midi, la pause déjeuner. Je vérifie mon sac : steak emballage grilleur et pâtes bolognaises persil déjà prêtes. Je monte l'escalator, j'ouvre la porte, je suis dans le parc où je mange. Je repars travailler. 4 h 30, je rentre chez moi. J'ouvre la porte : la lumière s'allume automatiquement. Je me lave les mains, pose mes affaires, m'assois dans le canapé : la télé s'allume. Je me lève : la télé s'éteint. Je vais me coucher. La journée est finie.

— S. 5e —

Moi tout seul je m'ennuie souvent
En regardant passer le temps.
Moi tout seul je parle au vent.
Moi tout seul j'erre dans l'ombre
En me voyant devenir décombre.
Moi tout seul je pense à mon errance
Seul et solitaire, souvent détesté par ce que je fais ou par ce que je suis.
Moi tout seul je m'invente des amis qui ne peuvent pas rire.
Moi tout seul je suis mort et suis plein de remords.
Moi tout seul je voudrais que mes frères soient au collège pour enfin…
Moi tout seul je suis seul.

— D. 4e —

Un jour, je lisais un livre qui s'appelait *L'Encre de Chine*. Je lisais tellement que j'aspirais l'encre. Alors les pages sont devenues blanches. Derrière, je vis un paysage imaginaire avec des lions, des arbres magnifiques totalement inconnus. Je voulus toucher la feuille ma main entra à l'intérieur. Je sentis une chaleur et tout mon corps fut entraîné.

— S. 6e —

Tu sors du collège vers 5 h 01

Tu veux rentrer chez toi et là tu te dis : « Qu'est-ce que je vais faire ? Regarder la télé ? Elle est cassée. Faire les devoirs ? Pas envie. Prendre une douche ou sortir faire les courses ? La flemme ! »

Tu marches. Tu vois des magasins. Un spécialement. Tu t'arrêtes. Tu le regardes. Tu te dis : « C'est une maroquinerie ». Sa couleur, tu ne la vois pas parce qu'il y a tellement de valises, sacs, entassés les uns sur les autres et là tu aperçois le vendeur. Il te regarde. Tu le regardes. Il est de petite taille, assez vieux, je dirais 49 ans à vue d'œil, il a les cheveux gris, il doit être maghrébin. Il te demande ce que tu veux. Tu dis « rien » et tu t'en vas.

— M. 3e —

OUAIS OUAIS MOI, C'EST SONY. JE RAPE JE DÉCHIRE.

JE ME POSE SUR UN BANC ET JE REGARDE LES FILLES.
QUAND ELLES PASSENT, JE SIFFLE.
JE PRENDS LE 166. JE DIS : OUAIS OUAIS JE RAPE JE DÉSIRE.
MAMIE J'ARRIVE TE VOIR DANS LE 92 COLOMBES
JE VAIS LÀ-BAS CHANTER DANSER M'ÉCLATER
92 KARTEL. QUAND JE RENTRE DANS UN RING, JE SUIS VENU
DÉFONCER DU « BIF »
MOI, C'EST SONY, JE RAPE JE DÉCHIRE
JE PRENDS LE PC3
JE VAIS TOUJOURS PORTE DE LA VILLETTE
T'ES QU'UN BOLOSSE
TU VEUX TE LA PÉTER
TU NE VOIS PAS QUE MOI JE SUIS PAS TA FEMME TES GOSSES TES FRÈRES TES SŒURS
MOI J'AI JUSTE MOI
ÇA S'ENTEND PAS ?
MOI J'SUIS JUSTE SONY

— N. 6e —

Je sors de chez moi comme d'habitude. Je passe par la rue Letort. Juste au moment où je tourne, que vois-je ? Une rue que je n'avais jamais remarquée. Tout y est bizarre. Les voitures volent. Les gens y sont différents, je ne perçois pas en quoi mais je le sens. Je me retourne pour reprendre le chemin de l'école, j'allais être en retard, je ne vois qu'un mur. Que faire ? Ce monde m'émerveille et en même temps m'effraie. J'avance, j'avance et je m'aperçois bien vite que tout y est électronique. Je demande ma rue à une personne.

— Prenez / de l'autre / côté / et passez / le mur / vous êtes / arrivée, me répond-il comme un robot.

Je reviens au mur. Je vois quelqu'un le traverser. Je le traverse à mon tour et le passe sans problème. Mais au lieu de me retrouver au tournant de la rue Letort, j'arrive en cours sans rien comprendre à ce qui s'était passé. La journée se termina normalement. Je voulus retrouver ce monde pour en profiter. En vain. J'essayai pendant des mois. Rien. J'abandonnai et oubliai tout.

— S. 5e —

Intermède

Textes écrits lors de « gouters-écriture » au restaurant Le Rez-de-Chaussée

Merci à Thierry Cayla

La crème anglaise ! Oh la la !
Rien que d'en parler, j'en ai des frissons.
Je suis sûr que ce soir encore je vais en rêver.

— S. 5e —

Le poivre de Chine, tu croques dedans, ça te fait sur la langue une anesthésie furieuse.

— F. 5e —

Salées à point
Les sentir de loin
Avec pas trop de sel
Bien dorées à la poêle
Tendres à l'intérieur
Croustillantes à l'extérieur

— G. 3e —

le rez-de-chaussée

L'atelier d'écriture
Du Collège Maurice Utrillo
& Bruno Allain écrivain
en résidence

Présentent :
Petits écrits sur le goût

gustatif

Youpi ! On peut goûter le « granité au cassis ».
Il y a en plus des fraises, des myrtilles, des framboises. Je croque à pleines dents. Quel délice !
J'ai l'impression d'être entourée d'un grand nuage rose.

— O. 6e —

Quoi ?
Un gâteau à la poire avec du caramel fondant plein d'épices !
Attendez une minute. Où suis-je ?
Mince ! J'ai fondu.
Il n'y a que ma bouche qui marche.

Khadija 5ème

Quand ma mère en prépare, je suis tellement pressée d'en manger que je lui dis de se dépêcher.
Dès qu'elles sont prêtes, je sens la bonne odeur de pommes de terre.
Puis l'huile, le sel… Mmmm !

— S. 6e —

Le manger hm ! On se sent vraiment heureux.
Ça nous détend à l'intérieur du corps.
Ça nous délivre de nos angoisses. On est dans un autre monde.
On oublie les parents qui nous engueulent tous les jours.

— K. 5e —

le rez-de-chaussé

L'atelier d'écriture
Du Collège Mauric
& Bruno Allain éc
en résidence
Présentent :
Petits écrits sur le

Je pousse une grande porte et wahou ! je découvre un monde où il n'y a que des bonbons, des gâteaux et des boissons.
Tout est géant.
Sur le côté une piscine à la grenadine.
Il y a aussi des cannes en sucre rouges et blanches…
Je dévore la moitié de ce monde et je m'endors dans une piscine de boules en chocolat.

— O. 6e —

le rez-de-chaussé

L'atelier d'écriture
Du Collège Mauric
& Bruno Allain éc
en résidence

Présentent :
Petits écrits sur le

C'est doré, c'est croustillant à l'extérieur, c'est doux, c'est un peu moelleux, c'est salé, c'est un plaisir, ça se combine avec la mayonnaise ou le ketchup, c'est poivré, son odeur hypnotise…

— M. 3e —

Rien que de l'apercevoir, je le dévore.
Hm ! L'eau à la bouche, sensation indéfinissable.
J'exagère, on pourrait la décrire mais je ne trouve pas les mots.
Agaçante, cette sensation de ne pas savoir...

Sarah 5ème

Nous sommes à la cantine.
Une chose incroyable s'est passée.
On pouvait reprendre des glaces.

Elfried 3éme

Je ne peux résister à ce fruit quand il arrive sur le marché chaque été. Ses rayures blanches, sa couleur verte, sa chair rouge aussi vive que le feu. Quand je mords dedans, j'ai l'impression de voler dans les airs.

— I. 5e —

Un jour, j'avais avec moi un nouveau portable que mon père m'avait acheté. Pour aller au collège, je prends le métro. Comme mon portable fait MP3, j'écoute de la musique. Je descends du métro. Un groupe de délinquants me voit. Ils sont huit et grands. Un du groupe dit : « il a un 0-500 ». Je l'entends. J'enferme le téléphone dans ma poche. Je marche rapidement. Ils sont deux de chaque côté. La peur m'envahit. Je continue à marcher rapidement. Ils sont toujours là, affamés. En sortant du métro, un me dit : « Est-ce que tu peux me prêter ton portable pour que j'envoie un texto ? » Je le regarde bizarrement, surpris de sa réaction, je cherche mes mots, je tremble. Il fait peur avec sa mâchoire mal faite, son visage cicatrisé. Je me lance et lui réponds : « Non, je n'ai pas de crédit ». Un autre touche ma poche où il y a le portable. Ils m'encerclent. Ils font une tête de plus que moi. Un leur dit : « Donnez-lui des claques ». En entendant ça, je panique. Mon cœur bat de plus en plus vite. Je me dis au fond de moi : « Sois courageux, ne te laisse pas emprisonner par la peur ». Je me souviens de mon professeur de karaté qui répétait à chaque fois : « Si quelqu'un vous agresse, évitez de vous battre, fuyez ». Ces paroles me reviennent souvent. Le courage remonte. Je regarde autour de moi. Y a-t-il une issue ? J'attends le moment précis. Je donne un coup de poing et je pars en courant. Avec la peur qui est en moi, je cours comme un guépard. Je me faufile entre les gens. Je bouscule un vieux dans les escaliers. Je ne peux pas l'aider à se relever car je suis en poursuite. Je me cache pour prendre le bus qui m'emmène chez moi. Avec le stress, je suis congelé. Enfin le bus arrive. J'étais heureux : je suis encore en vie et j'ai mon portable. Je me disais : « j'ai failli mourir à cause de lui ». Depuis ce jour, je ne le sors jamais. Je ne voulais pas parler à mes parents pour le moment. À des amis proches seulement. Ce jour est gravé dans mon cerveau.

— M. 3e —

Oh non la porte est ouverte

Aïe mais arrête de me tirer les cheveux
Au secours sauver ma fille ou elle va mourir
Je m'en fiche, moi, si je ne vois pas ce film
Pourquoi tu rigoles
La ferme, tu vois pas que je regarde la télé
Les chevaux sont des animaux sensibles
Papa, Franck a pris ma poupée
Qu'est-ce que tu as à me regarder
Faut pas pleurer comme ça
Ça existe pardon
T'as vu cette folle
Allô c'est bien la police
Ah ces jeunes ! pas de respect
Ils sont où mes rollers
Ah ! des bonbons
Eh ! tu m'as écrasé le pied
Les enfants, chut ! il y a les informations
Ne regardez pas la télé de près
Bon on descend on va au parc
Non mais je rêve, qui a pris mon portable ?

Maman, devine, j'ai gagné ma compète de judo
Joyeux anniversaire, joyeux anniversaire
Ouais demain c'est Noël
Bravo ma chérie, t'as réussi.
Toi aussi, t'as regardé Fort Boyard
Euh excusez-moi, vous savez c'est quoi le code ?
Je sais très bien que mon fils ne ferait jamais une chose pareille
Je suis enrhumé
Mamie, mamie
Vite sinon on va rater le métro
Hier une petite a disparu
Je suis trop contente
Pourquoi ?
Les Jeux Olympiques ont commencé
Eh tu me prêtes ton jeu vidéo
Tais-toi
Pourquoi tu me parles comme ça ?

— S. 5e —

Se sentir mal

Se contrarier
Se sentir noir, blanc de couleur
Se comparer à d'autres
Se sentir gênée
Être la seule fille
Être la seule à réfléchir
Avoir une personne morte dans sa famille
Être gênée en classe de lever le doigt
Mentir à quelqu'un
Se faire rejeter d'un groupe
Être la seule à être de petite taille
Ressentir quelque chose alors que la personne ne le ressent pas
Être seule dans un endroit
Être jalouse de quelqu'un

Je me sens très mal quand on se moque de moi à cause de ma taille.
Ça m'énerve, j'ai envie de taper, de les insulter, de partir vite. Ils sont tellement grands que je ne peux pas les taper. Alors je les évite.

— M. 6e —

Pendant plusieurs jours, j'ai fait le même rêve. Quelque chose invraisemblable. Tout a commencé le lundi 15 mai. Je dormais profondément quand je me vis dans un lit avec un homme. Je me levai et marchai lentement. Je me dirigeai vers une chambre tout au fond du couloir droit. Je touchai la poignée et j'ouvris. Je me dis que, là, vraiment, j'étais devenue folle. Il y avait un bébé d'environ deux mois dans une chambre avec toutes ses affaires comme les jouets. Le reste, j'ai complètement oublié. Je le pris dans mes bras. Tout à coup, je sentis une main me toucher l'épaule. Je sursautai. L'homme me dit : ne t'inquiète pas, c'est moi, ton mari, allez viens, on va se recoucher. Moi, je lui répondis : mon mari ! Qui est cet enfant ?

L'homme : — Mais c'est notre enfant. Qu'est-ce qu'il y a ?

Moi : — Rien.

— K. 5e —

Moi toute seule c'est un vide,
là je vois vraiment que j'existe, je ne vois que moi, enfin je pense à moi. Seule dans ce bus. Je ne cherche pas de problème. Les problèmes viendront à moi. Je profite de cette solitude comme si c'était une thérapie.
Moi toute seule je regarde à droite puis à gauche, je ne vois que moi. Cet instant ne doit pas s'arrêter.
Ce bus va, va, va, comme si il cherchait son chemin. Mais non ! Cet instant ne doit pas s'arrêter. Zut ! Je suis arrivée. Mon chemin est enfin terminé.
Je descends, je marche dans mon allée. Toujours personne. Je marche puis je marche et là : stupeur, un monde surgit devant moi. Ah je suis rassurée. Des gens !!!

— K. 4e —

LA NUIT QUELQUE FOIS, JE ME RÉVEILLE.

Quand c'est le cas, je me retourne tout le temps et contemple ma sœur. Derrière elle, je vois mon bureau. Dessus mon chat Lust qui miaule, saute et joue avec le mur. Au début je ne comprenais pas mais un jour j'entendis des cris d'oiseau au-dessus du bureau chez les voisins. Lust essayait de les attraper à travers le plafond. Il est idiot, ce chat. Jour et nuit, il ne mange plus, il ne boit plus, il ne sort plus, il dort. Ça, pour dormir, il dort ! À part dormir, il essaie d'attraper les oiseaux. Moi, dans le noir, je le regarde. Je rigole parfois quand il tombe en sautant. Mais quand il ne tombe pas, il me fait de la peine. Il essaie, essaie et essaie encore. Ce qu'il ne sait pas dans sa petite tête de chat, c'est qu'il n'y arrivera pas. Sur ce, je m'endors avec les ronflements de ma sœur, le bruit des oiseaux et du chat dans mes oreilles, rêvant du lendemain et attendant le son du réveil matin.

— S. 5e —

Ici c'est mon quartier

Ici c'est mon Cli-Cli
Je vis et j'aime ici
J'y suis habituée
Chaque jour je passe et repasse
Dans ces mêmes rues pleines d'impasses
Les jours ne sont jamais les mêmes
Et c'est ça que j'aime
Cinq jours sur sept
Je suis au collège
On est tous sauvages
Et on a pris pour perpète
Chaque jour son expérience
Et pas qu'en science
Dans mon quartier
Dans mon Cli-Cli
Dans mes pensées
Dans ma vie…

— M. 3e —

LA FRANCE EST PARALLÈLE, DIVISÉE EN DEUX

LA PREMIÈRE PARTIE EST TRÈS TECHNOLOGIQUE, LA DEUXIÈME EST LA VIE, LE SOURIRE, LES ÉTUDES, BREF, LA FRANCE QUE L'ON A PERDUE POUR FAIRE DE L'AUTRE PARTIE UNE USINE DE ROBOTS. IL EST 9 H 08 ET LES ROBOTS ONT PRIS LA PLACE DES HOMMES. EN CES HEURES-CI, JE TRAVAILLE COMME ACTRICE ET CHANTEUSE. LA TECHNOLOGIE A ÉVOLUÉ. LES CONSÉQUENCES EN SONT QU'IL N'Y A PLUS DE FEMMES AU FOYER. LES FEMMES DE MÉNAGES : AU CHÔMAGE. LES PLUS RICHES RENVOIENT LEURS GARDES DU CORPS ET LES REMPLACENT PAR DES ROBOTS CRÉÉS ET INITIÉS DANS LE BUT DE LES PROTÉGER. TOUS EURENT UN COURT-CIRCUIT. ILS SE RETOURNÈRENT CONTRE LES HOMMES. JE SUIS CÉLIBATAIRE. J'AI 24 ANS.

— O. 5e —

Y a toujours un moto-cross qui fait du boucan.

Les voitures de police ralentissent toujours quand elles passent dans ma rue.

J'ai toujours l'impression d'être surveillé.

Quand j'arrive près du « 5 épis », je sens toujours cette petite odeur de pâtisserie.

Le matin je vois beaucoup de gens qui écoutent de la musique dans leur MP3, peut-être pour se donner du courage en allant au taf. En tout cas, quand, moi, j'écoute de la zic, c'est pour aller à l'école sinon je resterai dans mon lit à rêver de belles filles. Ou encore je jouerai à la play comme à mon habitude.

Ce que je n'aime pas le matin, c'est le réveil parce que tes meilleurs rêves sont ceux qui te font arriver en retard à l'école.

— K. 4e —

Imagine-toi que tu sortes de chez toi mais sans savoir pourquoi.

Tu marches et il y a un moment où tu traverses au passage piétons. Une voiture vient vers toi à toute vitesse. Tu te dis : il croit que le feu est vert. Et en effet ! Tu es obligé de sauter. Dans ta tête, tu lui souhaites tous les malheurs du monde. Plus tard, tu penses à la personne qui était dans la voiture et à son visage. Il semblait pressé. Il conduisait d'une main. Il avait de la sueur qui coulait goutte à goutte. Ses yeux étaient rouges, le crâne chauve. Tu te dis qu'il avait sûrement une raison. Tu essaies d'oublier. En rentrant, tu vois les pompiers avec la police. Tu reconnais le monsieur. À ce moment, tu te sens très mal. Tu décides de rentrer chez toi. Tu continues d'y penser. Tu lui avais souhaité tous les malheurs du monde et tu te dis que c'est de ta faute.

— A. 4e —

La porte si grande : au moins deux têtes de plus que moi. Je la revois comme si elle était là, en face. Sa couleur ? Aussi verte qu'une pomme pas encore mûre. J'étais si pressée de découvrir ce qu'il y avait derrière. Je me rappelle que mon oncle venait d'aménager cette nouvelle chambre pour mes vacances. 7 ans, voilà l'âge que j'avais. Ça se passait en Algérie. Je me sentais bizarre. Moi si petite et cette porte si grande. J'étais heureuse. Pourtant cette sensation de peur ! Je savais que le soir j'allais rester toute seule dans le noir. Quand j'ai ouvert, je me suis sentie comme une princesse : il y avait une grande fenêtre et des rideaux roses tenus par un nœud papillon. La vue sur les poubelles, qu'est-ce que je l'aimais dans mon esprit d'enfant ! J'imaginais que c'était un camion qui me transporterait à l'abri des monstres.

— J. 4e —

Le Kebab du bout de la rue

~~[illegible]~~ j'ai trés faim. je sort avec une amie et on a prévu d'aller au ciné
après d'aller acheter des habits et pour la fin manger un KEBAB un de mes
plats préferés surtout le Kebab que j'aime le plus ses celui du bout de la rue.
Moi je pensais deja ~~[illegible]~~ à la fin de la sortit et puis elle, elle me fait perdre du
temps pour ses habits. Moi ~~que~~ qui ~~était~~ est présé! ~~[illegible]~~ Je voulais crié
J'AI FAIM mais j'ai dit dans mon esprit non attend encore quelque heure.
Quelque minute plus tard je vois 2 dames qui ~~passe~~ passe à
côté de moi avec un Kebab dans leur sac ~~j'ai senti~~ je sens
l'odeur avant même qui soit à coté de moi. Ma copine
elle me ~~fait~~ dit pour que je ~~[illegible]~~ choisisset des habits pour eux
En plus elle rentre dans un magasins elle dure 15 mille ans
pour choisir qu'une cullote! Moi je pensai qu'as mon Kebab
du bout de la rue.

Énervé

J'ai la colère
Le cœur qui bat vite
Le front qui se serre fort
Comme du titane
J'ai envie de frapper
De boxer
J'ai envie de partir
De courir comme un malade
De plus la voir
De la gommer
Pour des siècles et des siècles
J'ai un truc qui monte jusqu'à la cervelle
Là je ne respire plus
Je me sens tout noir.

— M. 6e —

Pourquoi il l'a fait?

Moi je le hais.
Pourquoi a-t-il volé
Tout ce qu'il y avait
Dans ce beau palais?
Ensuite il est parti
Aux États-Unis.
Il a cambriolé un magasin
Une banque, un train.
Que dois-je faire pour lui?
Pour les problèmes qui sont sur lui?
La police m'a appelé
Pour prévenir qu'il était enfermé.
Le lendemain je me suis envolé
Vers les États-Unis
Pour libérer mon ami.
Mais quand je suis arrivé il était parti.
J'ai demandé à la morgue.
Et tout à coup j'ai entendu de l'orgue.

— R. 4e —

Je sors de chez moi les lacets défaits. J'appuie sur le bouton d'appel de l'ascenseur. Pendant qu'il arrive, j'ai le temps de nouer une « chouze ». J'appuie sur zéro. Je termine de nouer mes lacets. Je sors de l'ascenseur puis de mon hall puis de ma cour. Je quitte mon pâté de maisons. Mes pieds me guident. J'essaie de me reposer en fermant les yeux. Je parle avec un ami si j'en trouve. Pendant le trajet, je rencontre une Porsche Cayenne S devant le Chips 7. Je prends la bouche de métro. Je saute dans la foule. Je rencontre un « golmon » avec une autoroute A4 sur le front et une haleine de phoque. C'est deux en un. Devant le collège, j'attends. Je serre la main à mes amis. Dès que ça s'ouvre, je vais voir le tableau des profs absents. Puis je monte en cours, soit joyeux, soit pas content. Ceci dépend du prof...

— M. 4e —

Dans ce bas monde, l'injustice est partout même dans mes romans.

Pourquoi faut-il qu'il y ait la loi du plus fort ? Pourquoi faut-il qu'il y ait des riches et des pauvres ?...etc. Soi-disant on est tous égaux. Pourtant l'esclavage et le racisme existent encore. Le bonheur ! Le pire, c'est que ceux qui le méritent vraiment ne l'ont quasiment pas. On dit que l'argent ne fait pas le bonheur. Pourtant si j'en ai, je suis respectée. Et ça, ça me suffit pour être heureuse. Il y aurait encore tellement à dire sur ce monde que les humains ont dégradé depuis leur apparition. Plus encore aujourd'hui. Ma parole ne suffit sûrement pas pour changer nos manies détestables. Il n'y a que dans l'imaginaire que le monde est moins moche et même beau (à la rigueur). Qu'est-ce que la parole d'une ado de bientôt 14 ans va avoir comme impact sur le spécimen humain ? Il s'en moquerait même. Il est comme ça. En tout cas, dans le monde juste, ma parole, ce serait dix lingots d'or. Je vous laisse à vos réflexions. J'espère que ça vous fera un minimum changer car vous en êtes capables.

— D. 5e —

Bien souvent, on trouve, on dit, on suppose que les ombres représentent un danger, les ténèbres ou le mal.

Pour moi, c'est différent.

Les ombres sont mes outils de protection, de sûreté, de surveillance. Je ne crains pas les ombres, les zones sombres, je m'en sers. Je me repère et me guide. J'assure mes arrières par un simple coup d'œil, j'évalue les distances. Surveiller certaines personnes sans être vu, me retirer dans les zones d'ombre, deviner une présence dans une autre pièce, si quelqu'un approche d'une porte, vérifier si mon sac est ouvert, reconnaître ce que tiennent les gens et parfois aussi les reconnaître eux-mêmes.

Ces exemples servent le plus souvent lors de blagues ou de déplacements.

Une fois en rentrant chez moi pendant les vacances, j'ai aperçu une jolie jeune fille qui se baladait dans les environs. Subjugué par son arrivée, je l'ai contemplée. Elle s'avançait vers moi. Nous nous sommes regardés le temps qu'elle me dépasse et elle s'est éloignée peu à peu. Je me suis donc mis à l'œuvre.

Je n'ai pas pu me résigner à la laisser partir. Alors je l'ai suivie attentivement.

Au bout d'une rue, elle a tourné à gauche. J'ai couru mais je ne me suis pas engagé de suite. J'ai préféré observer les choses. (Nous étions en plein après-midi, les ombres s'allongeaient, ce qui me donnait un avantage certain). Elle se tenait à quatre ou cinq mètres de moi et se trouvait à présent avec deux de ses copines. En tout cas c'est ce que j'ai pu en déduire en lisant les ombres : je leur avais deviné de longs cheveux et les sons que j'entendais me l'assuraient.

Ses deux copines portaient un petit sac à main. Une fois la discussion conclue, elles continuèrent leur chemin. Vous pouvez donc en déduire que les deux filles s'approchaient de moi !

Je fais quelques pas en arrière, comme si de rien n'était, et je passe mon chemin. Les deux copines une fois éloignées, je me retrouvais seul à suivre les pas de celle qui m'intéressait.

Lors de mon passage dans cette rue, elle se retourna et je ne savais plus quoi faire. J'étais sûr et certain qu'elle m'avait reconnu suite au regard que nous avions échangé il y a, malgré ces nombreuses lignes, quelques secondes.

Je le compris vite car elle fit un signe, comme à une personne au loin. Je regardai dans la direction opposée et ne vis rien. Ramenant mes yeux à leur position initiale, elle avait disparu !

Je courus tout au bout de la rue. Je remarquai une mèche de cheveux qui dépassait à l'angle d'un mur. Je poursuivis ma course folle à travers les rues zigzagantes et les cours triangulaires.

En courant, je reconnaissais les endroits où habitent mes amis, ce qui me faisait rire. Arrivée au bout de la rue sinueuse, je me cachai derrière une grosse poubelle verte.

En faufilant mon regard entre le mur et la poubelle, je l'aperçus, essoufflée et riant d'une voix aiguë. Elle emprunta le trottoir et vira à gauche.

Réfléchissant à un plan stratégique et décisif, je fus obligé de rebrousser chemin, de passer par une cour qui raccorde la rue où j'étais et une autre où se trouve la maternelle, une école et un lycée mécanique. À ma droite se trouvait la direction où cette charmante demoiselle aurait dû se situer. C'était donc ma destination.

Je me mis à courir à toutes jambes et me précipitai à l'angle. Mais, ne pouvant plus m'arrêter, je finis ma course trois à quatre mètres plus loin que ce que j'avais planifié. En tournant la tête, devinez qui me rentre dedans encore toute désorientée ?

Une grand-mère !

Une fois reparti sur ma lancée, j'aperçus ma jeune fille, là, sur un banc en train de reprendre son souffle et de se rattacher les cheveux.

Dès que j'essaie d'arriver finement, ça paraît louche et ça attire l'œil.

Du coup, je me suis précipité derrière elle et je l'ai saisie par les épaules, ce qui a eu pour effet de lui provoquer une trouille bleue. (J'adore faire peur aux filles). Elle s'est retournée en sursaut et m'a dit :

« C'est bon, tu m'as eue et, vu que tu m'as fait courir, tu vas bien pouvoir m'offrir un verre maintenant. »

Ainsi la course-poursuite s'est finie dans un bar à côté et j'ai dû vider ma bourse car, galanterie oblige, c'est moi qui ai payé.

Tout ça pour vous prouver que les ombres m'ont bien aidé sur ce coup-là. Ça dure toujours.

— F. 3e —

Quand je me regarde dans la glace

découlent plusieurs sentiments en moi
Mais cela dépend des circonstances
et du moment où je me regarde.
La joie, le plaisir de vivre m'envahissent
lorsque mes lèvres brillent grâce au gloss
lorsque mes cils par plusieurs coups de mascara sont élevés
Et surtout quand mes yeux scintillent grâce à la belle lueur du soleil.
Ces sentiments sont quelquefois bien paradoxaux
quand mon humeur n'est pas à son meilleur.
Alors je me trouve différente
comme si quelqu'un d'autre habitait mon visage
différente de la personne qui provoquait en moi joie et plaisir de vivre.

— N. 3e —

S

Je me sens ~~malade~~ étrangée quand je suis adopté

Je me sens etrangée quand je ~~viens~~ suis d'un autre pays

Je me sens étrangée quand je ne parle pas ~~la~~ la ~~mai~~ même lang

Je me sens etrangée quand je ne ~~vi~~ suis pas de la même famille

Je me sens étrangée à cause de ma tail.

Je me sens étrangée quant on ~~sequ~~ ~~se~~ secupe pas de moi.

Je me sens étrangée ~~e~~ quand je suis le seul a avoir
Une Maladi

~~Je suis petit~~

~~j'ai un frère jumeau qu'est plus grand que moi~~

j'ai ~~en~~ vie envie de pluree

j'ai envie d'être invisible

j'ai envie de grandir

Ce soir, en rentrant de l'école, comme d'habitude, j'ai marché toute seule le long du boulevard. À un moment, j'ai vu un arbre, un arbre pas comme les autres. On aurait dit qu'il n'y avait que moi qui le remarquais. Je n'ai pas fait attention à première vue. Mais en dessous, j'ai vu des sortes de nains. Pas comme ceux de Blanche Neige. Ils avaient une tête de tigre et une queue de poisson. Ils essayaient de me dire quelque chose. Je les ai suivis. Ils m'ont conduite jusqu'à leur arbre. Je suis entrée dans un tout petit trou très étroit. Je suis quand même arrivée à m'en sortir. Puis j'ai marché dans un long couloir avec plein d'arbres et un océan. Je me suis dit : c'est bizarre, dans un arbre, il ne peut pas y avoir de choses pareilles. Mais j'ai continué. Un nain a surgi. Tous les autres sont sortis de leurs cachettes et parmi eux il y avait un roi. Je me suis approchée. Il m'a dit que j'étais dans une autre dimension et que, si j'avais envie de sortir, il fallait que je les aide. En effet, les cauchemars des gens de ma terre arrivaient dans leur dimension. Ils voulaient que je cesse cela. D'abord j'ai cru que je faisais un cauchemar moi-même. Mais ce n'en était pas un. J'ai donc accepté leur pari. Je me suis dit que si les nains avaient des pouvoirs magiques, je pourrais les utiliser pour cesser ces cauchemars ! Mais rien à faire. Ils n'avaient aucun pouvoir. J'ai perdu confiance en moi. Plus tard, un des nains est venu me voir pour me dire que si j'avais des rêves je pouvais les transmettre dans une sorte de gros crâne. Comme je faisais quelque petit rêve, je me suis dit que ce serait une bonne idée. Moi, mon rêve, c'est de voir une sirène, une vraie sirène, je sais que ça existe. Mais bon, je n'avais pas de temps à perdre : les cauchemars commençaient à envahir leur dimension. Panique ! Tout allait très vite. Les nains couraient partout. J'ai eu très peur, très très peur. Il fallait que je trouve une idée. Et vite ! J'ai réfléchi, réfléchi. Soudain le roi s'est approché de moi et m'a dit que si je ne trouvais pas une solution, il allait me tuer. Je lui ai demandé s'il avait une chambre et un lit. Il m'a répondu oui. Mais qu'est-ce que j'allais faire ? Je lui ai dit qu'il me la montre, et tout de suite. C'était une chambre très étroite. Je me suis couchée sur le lit puis j'ai dormi. Je n'avais qu'un seul rêve en tête : c'était que plus personne dans ma terre et dans toutes les dimensions de l'espace n'ait de cauchemar et que tout s'arrange. Je me suis endormie en y pensant très très fort. Le lendemain, j'étais dans le futur. Même si tout s'était effectivement arrangé pour les nains, moi je n'étais pas sortie de l'auberge. Une autre aventure commençait.

— A. 6e —

Une fois, j'ai vu une femme

dans la rue vêtue d'une mini-jupe noire avec une ceinture en argent et une chaîne en diagonale. Elle portait un mini-haut noir avec un signe de tête de mort et des boucles d'oreilles en forme d'ange transpercé par une flèche. Elle avait trois percings : un dans le nez, un dans le ventre, un sur le sourcil gauche. Elle était maquillée comme un clown mais plus sinistre. Elle faisait peur et en même temps elle faisait rire. Ses cheveux étaient noirs. Elle portait un collier avec des pics autour du cou. À chacune de ses chaussures aussi, un collier avec des pics. Ses pompes avaient au moins 10 centimètres d'épaisseur. Quand elle marchait, ça faisait un gros bruit. Boum boum. On aurait dit qu'il y avait le tonnerre.

— C. 5e —

J'ai une tête endormie. Je n'aime pas ma tête le matin. J'ai grossi ou j'ai maigri ? J'en ai marre de tout le temps aller à l'école. Il faut faire des abdos. Je suis belle ou moche ? Enfin mes tâches disparaissent. Je n'aime pas mes cheveux. Je vais te taper si tu ne pars pas, imbécile ! Je peux voler comme les oiseaux. Hier j'ai eu une sale journée. J'espère que aujourd'hui elle sera mieux. Bonne chance. Je pense à ma grand-mère et ma tante qui sont mortes. Elles me manquent trop. Ce serait bien si elles étaient encore là. Je voudrais être mannequin ou danseuse. Peut-être une grande chanteuse comme Whitney Houston. Parfois j'essaie d'imaginer comment serait la fin du monde ? Comment va-t-on disparaître ? Comment la terre serait sans êtres humains ? Ça, ce sont des questions sans réponse. Comme comment Dieu existe ? On ne le voit pas, on l'entend, tout ça, c'est bizarre. Et si Dieu nous a faits, pourquoi il a fait que les gens meurent ? Plus tard, j'espère que j'aurai une belle maison avec piscine à Los Angeles. La belle vie, quoi. Et si le monde était parfait, ce serait bien ou non ? Est-ce que la vie après la mort existe ? Oui ou non ? Pour l'instant il faut vivre, faire la fête comme une folle.

— T. 4e —

Au début, c'était normal. Et puis c'est venu d'un coup. Comme ça. J'avais l'impression qu'on m'avait donné un coup de poing. J'essayais d'être forte et de ne pas pleurer. J'ai réussi pendant quelques minutes puis tout s'est lâché. Je n'avais même pas de mouchoir. Mon maquillage coulait. À l'intérieur de moi, c'était un deuxième monde encore plus mal : c'était là que tout se passait, comme si je tombais dans le vide ou que j'apprenais que je redouble, un pincement dans le cœur, ou bien que je voyais un décès : toutes ces choses regroupées en une seule fois. Ce qui était bizarre, c'est que je n'ai rien eu de tout ça. Ça s'est passé en cinq secondes. Cinq secondes qui laissent des traces. Mon cœur s'est refermé. Il est devenu petit comme si on me l'arrachait.

— K. 4e —

ÊTRE À PART

Être invisible
Ne pas se faire remarquer
Ne pas savoir parler leur langue
Être noir dans un pays où il y a plus de blancs
Être handicapé et pas les autres
Se faire adopter
Ne pas avoir les mêmes goûts que les autres
Ne pas avoir les mêmes avis
Ne pas comprendre ce que les gens comprennent
Être plus petit que les autres personnes
Être étranger dans on pays d'origine
Être étranger quand ma sœur travaille mieux que moi
Être à part quand les autres parlent d'une chose que je ne connais pas, les grandes personnes souvent
Être intelligent pour quelqu'un, être idiot pour d'autres
Parler d'un sujet qui ne m'est pas familier, pour les grandes personnes, ce n'est rien mais, pour moi, c'est être étranger.

— A. 6e —

Garder en mémoire le signe du désespoir

Pour pouvoir avancer et non régresser
La vie est faite de guerre
Alors qu'allons nous faire ?
N'oublions jamais nos racines
Car on veut nous déraciner.

— A. 3e —

C'est l'histoire d'un jeune garçon qui s'appelle Charles né en Côte d'Ivoire. Il aime tellement sa mère. Un jour, l'enfant Charles dormait. Sa mère quitta la Côte d'Ivoire pour vivre en France : chercher du taf, avoir de l'argent, faire venir Charles en France. Ça, ça dure 8 ans sans voir sa mère.
8 ans plus tard, je dormais. J'étais dans l'avion de Air France. Cinq ou Six heures. L'avion atterrit. Je vois ma mère de loin. Elle est habillée d'une chemise rose, jean noir, lunettes Dolce & Gabana. Je l'avais reconnue. Là, courir. Je jette mon sac pour sauter dans ses bras. J'étais très content. Ma mère aussi.

— C. 6e —

MOI TOUTE SEULE JE DESCENDS LES ESCALIERS DE CHEZ MOI
Moi toute seule je fais le trajet de l'école
Je prends le bus toute seule, en regardant la vitre, en regardant les gens parler, et moi je reste dans mon coin, seule, à réfléchir. Quand je descends du bus pour rentrer chez moi, je suis triste de ne pas avoir rencontré des gens avec qui parler. Je sonne. Ma sœur m'ouvre la porte. Je rentre dans ma chambre. Et tout à coup, toute seule, je pleure comme si quelqu'un m'avait fait du mal.

— I. 4e —

Aujourd'hui 2 avril 2017. Je suis prête pour sortir de chez moi. Je vais à l'université. Des gens partent au travail. Voitures modernes et chics. On dirait des maisons. Elles ont presque tout. Quand elles voient leur propriétaire, les portières s'ouvrent automatiquement. Les sièges prennent la forme que tu veux : ronde, carrée… Je me crois en cours de géométrie. Les gens sont bien habillés. Tout le monde met son style. Parfois on dirait des personnages de mangas. Quartier riche : de belles maisons de toute forme, des fois bizarres. À partir d'une heure, on entend aucun bruit à part les insectes. Aucune lumière chez les gens. Dehors les lampadaires s'éclairent à la nuit tombante. Quand je vois ce monde remplis de gens qui ne pensent qu'à l'argent ou faire des choses nouvelles avec la technologie, je me demande : à quoi ça sert tout ça ?

— D. 5e —

Tu étais chez ta cousine qui habite en Algérie.

Il n'y avait que des grandes personnes. Seule ta cousine avait onze ans.

Ton arrivée avait dérangé sa grand-mère (du côté de son père). Elle portait un foulard bleu avec des fleurs et avait un gros bouton sur le nez.

Toi, tu ne leur parlais pas, ils ne te regardaient pas très bien.

Puis la grand-mère t'avait dit : « c'est toi l'émigrée ? »

Tu t'étais retournée : « si vous voulez mais pas vraiment ».

Elle avait répondu :

Oskti Lrohi Jibili Kesma (*arabe phonétique*)

(« Tais-toi et va me chercher un verre d'eau »)

Elle croyait que tu ne comprenais pas l'arabe mais tu étais parti lui en ramener un.

Et elle t'avait dit : « Excuse-moi ».

— K. 6e —

Il était une fois un homme vraiment bizarre. Il y avait plein de cafards sur lui qui zigzaguaient. Ils sortaient par les trous de nez, par la bouche, par les yeux. Un jour, il s'approcha d'une petite fille et lui dit :

— As-tu peur de moi ?

— Non, tu es un être comme les autres. Le visage rempli de cafards, oui, mais quand même un être humain. Où habites-tu ?

— Dans une boîte en carton.

La fille lui proposa de venir dormir chez elle. L'homme accepta. Pendant la nuit, il essaya d'enlever tous les cafards qu'il avait sur lui. La fille toqua à la porte.

— Qui est là ? demanda-t-il.

— C'est moi, dit la fille.

L'homme ouvrit la porte. La fille toute étonnée resta la bouche ouverte. La mère arriva.

— Qui est cet homme ?

— C'est mon ami.

La mère fut complètement époustouflée par sa beauté. Elle entra dans la chambre, trouva plein de cafards et cria. Elle dut faire le ménage.

Ils se marièrent pour la vie. La fille était vraiment contente.

— I. 6e —

Nous avons tous une peur qui nous effraie à vie. Nous ne prenons jamais le temps de les affronter. Nous avons tort. Si chacun de nous prend le temps d'affronter sa phobie des serpents, des araignées, de la hauteur… etc. nous serons dans un monde de paix et de joie. La peur sera éliminée de la surface de la terre.

— I. 5e —

Emeraude, Saphir, Rubis, luz son partie a la grotte de la Licorne Bleue pour y rencontrer le vieux sage, qui les aidera a venger les parents d'Emeraude, La ils vont rencontrer des personnages aussi merveiller les un que les autres, Elles apparemment chronn : le commençage a l'épé et nous épé. Le ~~vie~~ vieux sage l'a fui des eaux !! une Les plus grande épé de l'univers l'épé celle épé elles Emeraude pourra venger les parents d'Emeraude. Nous décrivons ITINIqui

Crédit photographique

Pages 5, 7 et 27 : Photos Bruno Allain

Pages 26, 31, 43, 49, 53, 69, 82-85, 100, 109 et 122 : collection Bruno Allain

Pages 32-33, 42 et 86 : Photos Fouad Houiche

La résidence d'auteur au collège Maurice Utrillo a reçu le soutien de :

La direction régionale des affaires culturelles d'Ile-de-France – ministère de la Culture et de la Communication

L'académie de Paris – ministère de l'Éducation nationale

Certains textes contenus dans cet ouvrage ont été écrits dans le cadre de Demain en France, chantier d'expressions, opération de la Ligue de l'Enseignement.

Le collège Maurice Utrillo

Chez punctum éditions

Dans la même collection

FERNANDO ARRABAL
Panique, Manifeste pour le troisième millénaire

ROGER DADOUN
Éloge de l'intolérance, La révolte et le siècle

NATACHA HENRY
Marthe Richard, l'aventurière des maisons closes

PASCAL LAINÉ
Un clou chasse l'autre ou la Vie d'artiste

MICHEL LAMY
L'Université des professeurs, L'immobilisme en mouvement

BERNARD LEFORT
Romain Goupil, Entretiens

SOPHIE MOUSSET
Arménie, Identité d'un peuple

« Par le temps qui court »

ROGER DADOUN
Sexyvilisation, Figures sexuelles du temps présent

« Puisque l'histoire »

SERGE-ALLAIN ROZENBLUM
Le Baron de Hirsch. Un financier au service de l'humanité

« Vies choisies »

RÉMY HEBDING
Jean-Jacques Rousseau, Les Lumières grâce à Dieu

GÉRARD A. JAEGER
Courbet, l'homme blessé

FRANÇOYS LARUE LANGLOIS
Claire Lacombe, citoyenne révolutionnaire
Paul Lafargue

YVES LEMOINE
Fernand Braudel, Espaces et temps de l'historien

SOIZIK MOREAU
Jean-Victor Moreau, l'adversaire de Napoléon

FRÉDÉRIC DE RIVOYRE
Wilhelm Reich et la révolution sexuelle

Roman

OLIVIER BERTHELOT
Éden-sur-Seine

CONSTANCE CHLORE
À tâtons sans bâton

MARIE DARDENNE
Bamako, là

CLAUDE KAYAT
La Synagogue de Sfax

Récit

CLAUDE FLÉOUTER
La Vie comme une pochette surprise

LISE GAUVIN
Quelques jours cet été-là

Théâtre

SOIZIK MOREAU
Napoléon et… Jean-Victor (coéd. punctum – l'embarcadère)

Aphorismes

RICHARD OGOLNIK
Foutoir ou le désordre des choses

Cet ouvrage a été imprimé
sur les presses de Trèfle Communication à Paris
pour le compte de punctum éditions
en septembre 2007

Imprimé en France
Dépôt légal : octobre 2007
N° d'impression : 7052